D1727679

Markus Schneider

Klassenwechsel
Aufsteigen und Reichwerden
in der Schweiz: Wie Kinder
es weiterbringen als ihre Eltern

Echtzeit Verlag

Wer kann ein Marcel Ospel werden?
Wer nicht?

Taner Bahar wird 1971 in Istanbul geboren. Kurz darauf
emigriert seine Familie nach Silvaplana ins Oberenga-
din. Sein Vater arbeitet als Elektriker, wird später Ver-
walter einer Überbauung mit Eigentumswohnungen,
wo auch ganz Reiche wie der deutsche TV-Unternehmer
Leo Kirch ihre Ferien verbringen. Seine Mutter Gülüm
schuftet Teilzeit in einem Hotel. Taner ist sprachbegabt
und bringt nie weniger als eine Fünf aus der Sekundarschule heim. Im örtlichen Sportgeschäft Conrad macht
er eine Verkäuferlehre, mit 18 eine kaufmännische Lehre
in St. Gallen. Als er Sponsoren für den Engadiner Inline-
Marathon sucht, überzeugt er Benetton, ein Riesener-
folg. Mit dem ersten Geld postet er sich ein Mercedes-
Cabriolet. Er zieht nach Rom, bleibt im Sportmarketing-
geschäft. Anschliessend geht er nach Vaduz zu einem
Vermögensverwalter, lernt dort den Kunden Dietrich
Mateschitz kennen, den Gründer von Red Bull. Mit 30
lässt sich Taner unter seinem neuen Vornamen Dany
einbürgern, mit 31 heiratet er Annett, die Tochter des
Zürcher Headhunters Björn Johansson, also mitten in
die High Society. Mit 34 wird er die rechte Hand von
Dietrich Mateschitz, 63. Gemäss Medienberichten gibt
es bei Red Bull in Fuschl am See (Salzburg) keinen Ent-
scheid mehr, der nicht über Dany Bahars Tisch geht.[1]
Ist er in Zürich, schaut er im *Club zum Rennweg* vorbei, wo
sich die junge hiesige Elite trifft, etwa sein Freund und
Denner-Chef Philippe Gaydoul, 35, das Hedge-Fund-
Wunderkind Rainer-Marc Frey, 43, oder Ex-Bankier
Thomas Matter, 41, die alle schon in der BILANZ-Liste
der «300 Reichsten» auftauchen.

(1)
Lukas Hässig:
Der Mann dahinter,
in: FACTS, 13. 7. 2006

Die umgekehrte Geschichte verläuft zum Beispiel
so: Im Oktober 2006 steht eine 47-jährige Frau in Zürich
vor Gericht. Sie hatte geklaut. Nichts Grosses, eine billi-
ge Kunstledertasche oder Badeschuhe und immer wieder
Alkoholika. «Wohlstandsverwahrlost», nennt sie ihren
Zustand. Aufgewachsen ist sie am noblen Zürichberg.

In den letzten zwanzig Jahren zog sie zwanzig Mal um, traf in den Bars der Stadt die falschen Männer, mit denen sie innert kurzer Zeit ein Erbe von 2,3 Millionen Franken verprasste. Inzwischen lebt sie von der Sozialhilfe.

Hier der schnelle Abstieg, dort der schnelle Aufstieg, beides gehört zusammen. Es sind Geschichten, wie sie schon immer vorgekommen sind, Storys, wie man sie schon immer erzählt hat, vor allem in den USA. Etwas seltener hörte man sie in der Schweiz, die bis jetzt als ein Land der eher begrenzten Möglichkeiten gilt. Entwickelt sich bei uns ein Tellerwäscher zum Millionär, wird das als Extremfall abgetan. An so etwas glaubt man nicht. Auf so etwas baut man nicht.

Viel lieber reden – und klagen – wir Schweizerinnen und Schweizer über die «Chancengleichheit». Ein Schlagwort, das sofort für besorgte Gesichter sorgt. Denn «gleiche Chancen für alle» gibt es nicht. Schon von Geburt an sind die einen Menschen kräftiger, schöner, klüger als die andern. Doch die Kritik zielt tiefer: darauf, dass das Schicksal eines jeden Individuums durch den sozialen Status seiner Eltern vorbestimmt sei. Unsere modernen westlichen Gesellschaften seien nicht wirklich «offen». Gewisse Menschen würden gezielt ausgeschlossen, andere schon von Geburt an privilegiert, heisst es.

Und schafft es ein Türke wie Bahar, muss der seinen Vornamen Taner auf das amerikanische Dany einschweizern. Stürzt eine Frau aus vornehmem Haus ab, sind Drogen im Spiel. Sowohl der schnelle Aufstieg wie der schnelle Abstieg, beides wird – vorschnell – zur Ausnahme erklärt.

Nicht alle kommen oben an, aber einige

Soziologen vermitteln manchmal den Eindruck, als lebten wir in einer Ständegesellschaft des 19. Jahrhunderts. Selbst die Popkultur habe die Gegensätze nicht einfach weggeblasen. «Wenn der Direktor dieselben Jeans trägt wie der Arbeiter, ist das nicht dasselbe», klagt etwa der Basler Professor Ueli Mäder. «Der Direktor kann den Liftboy auch am Arm fassen und fragen, wie es ihm geht.

Umgekehrt ist das kaum möglich.» Unsere Gesellschaft, lehrt Mäder, sei nach wie vor durchdrungen von «sozialen Klassen». Vater dieser Theorien ist der französische Soziologe Pierre Bourdieu. Wir alle könnten den Lebensstil nicht frei wählen, sondern wir seien gefangen im Status, in den wir hineingeboren wurden. Dabei sollen auch feine Unterschiede eine Rolle spielen, etwa in der Kleidung, der Sprache, den Manieren, dem Geschmack.

Meist mündet das Klagelied in Schlagworte wie «Zweiklassengesellschaft», «Zweidrittelsgesellschaft», «Ausländerdiskriminierung». Als Beleg wird fast immer die berühmte Pisa-Studie zitiert, welche bewiesen habe, wie stark der Schulerfolg der 15-Jährigen von der familiären Herkunft abhänge. Diese Unterschiede pflanzen sich fort, von Schulstufe zu Schulstufe. Wer es an eine Schweizer Uni schafft, hat mit 60 Prozent Wahrscheinlichkeit einen Vater oder eine Mutter mit Matura. «Selbstrekrutierung», urteilen die Soziologen und sprechen von «sozialer Reproduktion». Am Ende der Diskussion erfolgt das ewige Mantra: Die Armen würden immer ärmer, die Reichen immer reicher.

So weit kurz zusammengefasst die Kritik. All diese Punkte werden in diesem Buch hinterfragt, Kapitel für Kapitel. Es wäre tatsächlich ein miserables Zeugnis für die Schweiz, wenn Menschen keine Chance hätten – nur weil sie den falschen Namen tragen, einen falschen Pass, das falsche Geschlecht haben, oder weil sie an einen falschen Gott glauben.

Um das Fazit vorwegzunehmen: Selbstverständlich wird es im Kapitalismus immer ein Unten und Oben geben. Nie werden *alle*, die heute unten sind, morgen oben ankommen; aber *einige* schaffen es. So gesehen ist dieses Buch ein Mutmacher. Es zeigt mit Fakten und Beispielen, *wie vielen* der soziale Aufstieg heute tatsächlich gelingt und warum – auch wenn diese Leute nicht mit dem Namen Schmidheiny oder Sarasin geboren sind, sondern als Gökduman oder Ljubisavljevic. Die Schweiz bietet zwar nicht gleiche Chancen für alle – aber viele Chancen für viele, ja sogar bessere Chancen denn je. Noch nie waren die Aussichten für den sozialen Aufstieg so gut wie heute, noch nie konnten es so viele Kinder weiterbringen als ihre Eltern.

Umgekehrt ist auch das Risiko des Abstiegs so hoch wie noch nie, Aufstieg und Abstieg gehören wie gesagt zusammen. Zwar werden nie *alle,* die heute oben sind, absteigen; aber *einige* müssen, nur schon damit sie oben ein paar Plätze freimachen.

Seit jeher gibt es nur 3 Nationalbankdirektoren, 7 Bundesräte, 200 Nationalräte, 1 CEO der Nestlé, der gleichzeitig VR-Präsident sein will. Eine Zeitung hat am besten nur eine Chefredaktorin, die ETH Zürich lediglich 350 Professuren. Auch in den zweit- und drittobersten Etagen ist die Zahl der zu besetzenden Positionen fix beschränkt, im Zeitalter flacher Hierarchien sinkt sie sogar. Obschon die meisten Menschen heute besser ausgebildet sind als früher, können nur die wenigsten von ihnen in höchste Positionen aufsteigen. Solche gesellschaftliche Prozesse laufen ähnlich ab wie im Fussball. Sobald Aufsteiger in die oberste Liga drängen, müssen Absteiger ihre Plätze freimachen. Anders geht es nicht.

Dieser Prozess des Auf- und Absteigens muss also in beiden Richtungen laufen, sonst wäre die Gesellschaft nicht durchlässig. Trotzdem wird daraus kein Nullsummenspiel, im Gegenteil. Wenn genügend junge Leute unendlich viel daransetzen, damit sie von unten nach oben steigen, setzen sie dabei enorm viel positive Energie frei. In der Folge kommt die Gesellschaft als Ganzes voran.

«Abzocker» als Vorbilder

Aufsteigen wird hierzulande als Ziel akzeptiert, Reichwerden nicht. Reichwerden wird mit Gier, Egoismus, Dagobert Duck assoziiert. Kein anständiger Schweizer, keine anständige Schweizerin sagt von sich selber: «Ich werde reich.» Ist das Aufsteigen im konkreten Fall dann allerdings mit Mehrverdienen verbunden, langen selbst Kulturschaffende stillschweigend zu, von Pavarotti bis Pipilotti.

Nur in der Wirtschaftswelt hat das Reichwerden neuerdings ein schlechtes Image. Das kommt davon, dass die obersten Manager in der Schweiz heute unvorstellbar hohe Summen einstreichen. Diese Debatte dauert nun seit geraumer Zeit: Darf der höchste Chef 40 Mal mehr verdienen als der Portier? Oder darf es auch 400 Mal mehr sein, wie heute bei der UBS oder Novartis üblich? – Die Journalisten schlagen fast klassenkämpferische, die Politiker immer schrillere Töne an, selbst Arbeitgebervertreter appellieren öffentlich ans Masshalten. Aber: So laut und aufgeregt die Argumente vorgebracht werden, sie verpuffen. Ein reines Medienritual, ohne jede Wirkung auf die reale Welt. Laufend werden in den obersten Etagen immer noch höhere Saläre ausbezahlt, während die Stimmung unten in den Betriebshallen und Grossraumbüros bemerkenswert ruhig bleibt. Nirgends bricht auch nur der Ansatz zu einer Revolte aus. Die Mitarbeiterinnen und Mitarbeiter in der UBS oder der Novartis arbeiten brav weiter, während die wenigen ganz oben «schamlos absahnen». Seltsam.

Dieser scheinbare Widerspruch lässt sich erklären: Ungleichheit, so die These dieses Buchs, ist weder gut noch schlecht, es kommt wie immer auf die Umstände an. Die entscheidende Frage lautet: Wer kann der nächste Marcel Ospel werden? Wer nicht? – «Gesellschaften, in denen die Kinder der ärmeren Schichten leichter nach oben kommen können, sind viel toleranter gegenüber Ungleichheiten», antwortet einer der international führenden Forscher auf diesem Gebiet, Gary Solon, Professor an der University of Michigan in den USA.

Junge ehrgeizige Leute stören sich nicht daran, wenn es zwei, drei Dutzend Möglichkeiten gibt, in der Schweiz die höchsten Löhne der Welt zu verdienen. Es ist doch erfreulich, wenn dieses kleine Land in einigen Bereichen (Finanzindustrie, Tennis, Biotechnologie) die «Nummer 1 der Welt» stellt oder mit dieser mithalten kann. Die Wahrscheinlichkeit, dass wir uns emporschwingen bis zur «Weltnummer 1», ist zwar gering; aber wir alle können es versuchen. Ein echter Wettbewerb.

Viele der nachkommenden Generationen nehmen diese Herausforderung an, wie der ETH-Soziologe Karl W. Haltiner bestätigt: «Die Jugendlichen zeigen eine hohe Leistungsbereitschaft, wenn sie den Sinn darin erkennen, wenn die Leistung Spass macht und man dabei gut verdient.» Selbst Zürcher Gymnasiasten, die sich politisch als «links» bezeichnen, bekennen sich in Umfragen zu Fleiss, Verlässlichkeit, Pünktlichkeit.[2]

(2)
TAGES-ANZEIGER
19. 12. 2006

Ganz zu schweigen von den jungen Finanzakrobaten in den Trading Rooms der Banken, den Ballettschülerinnen am Operhaus Zürich oder den Forschern in den Labors der Pharmaindustrie: unter ihnen beklagen sich die wenigsten, dass die Primaballerinen ihrer Branche «abzocken». Diese jungen Talente ticken innerlich wie Tennis-Junioren. Die arbeiten hart, engagieren sich extrem, orientieren sich an ihren Idolen – und wissen, dass ihr eigener Durchbruch an die Weltspitze zwar unwahrscheinlich ist; aber im Fall, dass sie es trotzdem schaffen, wollen sie dafür honoriert werden wie Roger Federer.

Oder wie Marcel Ospel. Just der Präsident der grössten Schweizer Bank ist doch kein abschreckendes Exempel, sondern das beste Vorbild. Er ist nicht im Villenquartier auf dem Bruderholz aufgewachsen, sondern im Arbeiterquartier in Kleinbasel. Im Militär war er zwar Fachoffizier im Rang eines Hauptmanns, aber kein so hohes Tier, wie man es früher sein musste, um in der alten Bankgesellschaft einen hohen Posten zugewiesen zu erhalten. Er war nicht einmal ein fleissiger Schüler. Stattdessen wollte er auf der Post arbeiten, um sich das erste Geld fürs Mofa zu verdienen. Sein Vater erlaubte es ihm nicht, «weil es Nachtarbeit war». Also trug Marcel frühmorgens die BASLER NACHRICHTEN aus.

«Was zählte, waren Disziplin, Leistung und Demut.» Sein Vater sei ein Waisenkind gewesen: «Er ist in einem Heim aufgewachsen und durfte Zuckerbäcker lernen. Sein Traum war aber, Ingenieur zu werden, also ging er nochmals zur Schule und studierte Elektroingenieur.»[3] Als Marcel fünfzehn und schulmüde war, hat ihn sein

(3)
Claude Baumann:
Ausgewaschen.
Xanthippe-Verlag,
Zürich 2006

12

Vater hinaus in die Realität geschickt – in die Lehre bei der damaligen Basler Börsenbank Transvalor. Da startete er seine Karriere, als ganz gewöhnlicher Lehrling. Später schloss er, wie viele andere, die Höhere Wirtschafts- und Verwaltungsschule (HWV) in Basel ab; also *kein* Universitätsstudium. Von dort ging's zurück in die Praxis zum Bankverein, von Basel nach London, nach New York mit einem Abstecher zu Merrill Lynch, Stufe um Stufe aufwärts. Als er in London einmal das Gebäude der Bankverein-Tocher Warburg betrat, wollte ihn der Portier gar nicht einlassen. Der neue Chef aus der Schweiz war in Jeans, Hemd, aber ohne Krawatte zur Arbeit erschienen.

«Ein Einzelfall», werden Kritiker auf die Bilderbuchkarriere des Marcel Ospel einwenden und etwa fragen: Wäre der junge, damals unbekannte Arzt Daniel Vasella dazu auserkoren worden, die neufusionierte Novartis zu lenken, wenn er nicht der Schwiegersohn des alten Sandoz-Patriarchen Marc Moret gewesen wäre? Sässe Magdalena Martullo auf dem obersten Stuhl der Ems-Chemie, wenn sie zum zweiten Nachnamen nicht Blocher hiesse?

Ein Bub wird 1943 in Deutschland geboren. Der Vater fällt im Krieg, die Mutter stirbt bald. Die ersten zehn Jahre wächst die Waise bei seiner Grossmutter im Städtchen Oehrenstock in der DDR auf. Im Juni 1953, nachdem das kommunistische Regime mit Panzern gegen Streikende vorging, beschliesst seine Grossmutter die Flucht. Sie nehmen den Zug Richtung Grenze; von dort gehen sie zu Fuss weiter, eine ganze Nacht hindurch. Sie schaffen es. In Marburg finden sie bei Verwandten Unterschlupf. Der Bub ist kein Musterschüler, interessiert sich eigentlich nur für Motoren, aber sein Grossvater, den er im Westen neu getroffen hat, ein ehemaliger Ingenieur, sagt zu ihm: «Junge, du musst zur Bank gehen, die haben immer Geld.»[4] Unmittelbar nach der Schule beginnt er eine Lehre bei der Deutschen Bank und landet nach Umwegen immer wieder bei der Credit Suisse in Zürich. Aus ihm wurde der heute wohl bestverdienende Angestellte

(4)
Alice Ratcliffe:
The Profit Meister at
Credit Suisse,
in: BLOOMBERG MARKETS,
August 2006

13

und vielleicht unpopulärste «Abzocker» der Schweiz. Sein Name, Oswald Grübel, wird in der BILANZ neu als einer der «300 Reichsten aufgeführt.

Wer kann ein Marcel Ospel werden? Wer nicht? – *Im Prinzip muss jede Person für diesen Job in Frage kommen, egal, ob reich oder arm geboren, unabhängig vom Pass, der Religion, der Rasse, dem Geschlecht. Die real existierenden Exempel zeigen: Keine Chance hatte bis jetzt eine Frau. In jeder andern Beziehung ist die Realität nicht weit vom Ideal entfernt. Im Extremfall steigt ein Banklehrling auf bis zum Präsidenten der UBS.*

Wie werde ich reich?

Napoleon Hill kam 1883 im amerikanischen Virginia zur Welt. Mit 13 Jahren begann er als Zeitungsreporter, «um den ärmlichen Verhältnissen seines Elternhauses zu entkommen». Das gelang ihm spätestens, als er Andrew Carnegie begegnete, den damals reichsten Amerikaner. Man muss die richtigen Leute treffen und diese von sich selber überzeugen können – so lautet das erste Rezept zum Reichwerden.

Der Industrielle Andrew Carnegie beauftragte den Journalisten Napoleon Hill, eine systematische «Philosophie des Erfolgs» zu erarbeiten, die es «grundsätzlich jedem Menschen ermöglichen solle, zu Glück und Wohlstand zu gelangen». Nach seinen eigenen Angaben hat Napoleon Hill 25 000 Fälle studiert, immer auf der Suche nach den «Gemeinsamkeiten erfolgreicher Menschen».

«Think and Grow Rich» hiess der Titel seines Buches, das 1937 erstmals erschien und sich bis heute verkauft, auch auf Deutsch («Denke nach und werde reich»). Dabei tönt schon die Einleitung klischiert: «Die meisten Leute wünschen sich materiellen Besitz. Aber der Wunsch nach Reichtum reicht noch nicht aus. Nur ein an Besessenheit grenzendes Verlangen, sorgfältige Planung, die Wahl geeigneter Mittel und die eiserne Entschlossenheit, das einmal gewählte Ziel um jeden Preis zu erreichen, führen zum Erfolg.» Nach wenigen Seiten legt Napoleon Hill das grosse Geheimnis von Andrew Carnegie offen: «Jede Leistung und jeder Erfolg wurzeln in einer Idee.»

Carnegies Idee bestand darin, dass er sofort erkannte, wie bahnbrechend die Umwandlung von Eisen in Stahl sein würde. Er investierte deshalb in ein Stahlwerk, das er nicht etwa nach seinem eigenen Namen benannte, sondern nach dem Namen des Präsidenten seines ehemaligen Arbeitgebers, einer Eisenbahngesellschaft, welche prompt seine erste grosse Kundin wurde.

Eine, zwei, drei Ideen garantieren den Erfolg noch nicht. Man müsse auch den Glauben an sich selbst entwickeln, schrieb Napoleon Hill, sich auf Andrew Carnegie berufend, und nannte als weitere Anforderungen: sich in Autosuggestion üben, sich die nötigen fachlichen Kenntnisse aneignen, offen sein und der Fantasie vertrauen, eisern entschlossen sein und ausdauernd. Last but not least brauche man einen sechsten Sinn. – All das erinnert an die «Kraft des positiven Denkens», eine Bewegung, von der Napoleon Hill tief beeindruckt war. Sein Buch, so schrieb er, dürfe nicht als Anleitung zum schnellen Geld verstanden werden, sondern als universelle Methode, wie man Ziele erreichen könne, sei es im Beruf, in der Familie, im Sport, überall.

Seither sind viele ähnliche Bücher erschienen. «Die Frage, wie man Brot bäckt, wird am besten von einem Bäcker beantwortet, die Frage, wie man Geld macht, am besten von einem Milliardär», schreibt der Milliardär Donald J. Trump.[5] «Es ist nicht das Geld, das mich reizt. Ich habe genug Geld, mehr als ich je brauchen werde. Ich mache Geschäfte um ihrer selbst willen. Geschäfte sind meine Kunstform. Andere Menschen malen schöne Bilder oder schreiben wundervolle Gedichte. Ich liebe es, Geschäfte abzuschliessen, vor allem grosse Geschäfte. Sie sind die Würze meines Lebens.»

«Welche Ziele können Sie noch haben, nachdem Sie schon alle Preise gewonnen haben, die es in Ihrer Sportart überhaupt zu gewinnen gibt?» Auf diese Frage antwortete Tiger Woods, der Golfspieler, einmal: «Ich will einfach als Golfer besser werden. Jeder Golfer wird das verstehen. Ich kann noch alles verbessern, arbeite an jedem Detail.» Auch jeder Tennisspieler wird verstehen, warum Roger Federer als Tennisspieler immer noch besser werden will. Das Gleiche gilt für Pianisten wie Lang Lang oder Geiger wie Maxim Vengorov, die vom Schweizer Uhrenkonzern Rolex vermarktet werden, als wären sie Hollywood-Schauspieler. «Zuerst kommt immer die Arbeit», sagt Lang Lang. Üben, üben, üben, um noch besser zu werden.

Tun wir heute, was Napoleon Hill vorgemacht hat, fragen wir erfolgreiche Schweizer Unternehmer, was sie unseren Jugendlichen raten würden, erhalten wir ähn-

(5)
Donald J. Trump:
Wie man reich wird.
Finanzbuchverlag,
München 2004

16

lich traditionelle Antworten. «Ich würde nur einen Rat geben: Leidenschaft entwickeln. Wer selbst nicht leidenschaftlich ist, soll jemanden, der es ist, als Partner finden. Mein Sohn, der bei Google arbeitet, geht jeden Tag begeistert zur Arbeit, er hat das Gefühl, die Welt neu zu erfinden, er freut sich, Bill Gates ein Schnippchen schlagen zu können. Eine Leidenschaft zu haben, ist das beste Rezept, um glücklich zu sein.»

Diese Worte stammen von Daniel Borel, der mit Logitech bewiesen hat, dass man auch von der Schweiz aus Hightech-Produkte in die ganze Welt verkaufen kann: Computermäuse, Webkameras, Kopfhörer, Fernbedienungen. Doch Borel lobt nicht etwa die Schweiz, er sagt: «Schauen Sie nach Irland: Dieses kleine Land war einmal das Armenhaus Europas. Heute weist es das höchste Wirtschafts- und Bevölkerungswachstum auf. Warum? Weil die jungen Iren ihre Heimat verlassen haben, um im Ausland zu lernen. Später kamen sie zurück und bauten da etwas auf. Ich habe viele Iren eingestellt. Die Schweizer verstecken sich lieber in ihren Bergen.» Also fordert er: «Besser zu sein als die Franzosen reicht nicht. Wir müssen die Besten sein. Hirnschmalz ist unser einziger Rohstoff. Nur wenn wir gut ausgebildete Leute haben, kommen Hightech-Firmen in die Schweiz.»[6]

Und was rät der ehemalige Berater Nicolas G. Hayek? «Oft kommen junge Leute zu mir und wollen wissen, wie man das macht, reich zu werden. Diesen rate ich immer, das Reichwerden bloss nicht zu planen. Sobald das einzige Ziel darin besteht, reich zu werden, wird man es nie. Dann rennt man mit hängender Zunge hinter dem Geld her, sucht es überall dort, wo es nicht ist, und das Resultat davon ist Null. In unserer Gesellschaft musst du etwas Fantastisches entwickeln, Innovationen einführen, die der Allgemeinheit nützen.» Wer wirklich erfolgreich sein wolle, müsse die Fantasie und die Neugierde eines Sechsjährigen bewahren. «Wenn Sie einen Esel an die Musikhochschule Salzburg schicken, machen sie aus ihm keinen Mozart», lautet eines seiner Bonmots. Und eines seiner Rezepte geht so: Man mache sich die Krise zur

(6)
SONNTAGS-ZEITUNG,
4. 9. 2005

Chance. «Ich hatte meine Beraterfirma bloss gegründet, weil ich kein Geld hatte, um eine eigene Fabrik zu bauen», erzählt der Einwanderer aus dem Libanon. Auf die Frage, wie viele Stunden am Tag er mit Arbeit verbringe, antwortete Hayek im Alter von 78 Jahren: «Ich arbeite gar nicht, ich vergnüge mich täglich zwischen 8 und 14 Stunden.»[7]

(7)
Nicolas G. Hayek:
Im Gespräch mit
Friedemann Bartu.
Verlag NZZ, 2005

Hayek wie Borel, die zwei erfolgreichsten Hightech-Unternehmer der jüngeren Schweizer Geschichte, reden wie zwei Altväter im Ratgeberbuch des Napoleon Hill. Reichtum erscheint auch bei ihnen als ein Triumph ihrer Tüchtigkeit, der Freude, des Talents, der Initiative. Wer will, der kann.

Man darf, um es später weit zu bringen, auch mit einer ganz gewöhnlichen Lehre beginnen. «Wenn Sie in der Schweiz eine gute Berufsausbildung genossen haben, wenn Ihnen Schweizer Qualität etwas bedeutet: Präzision, Gewissenhaftigkeit, Verlässlichkeit, Fleiss – dann stehen Ihnen noch heute alle Türen offen»: So sprach im Herbst 2006 vor Lehrlingen im Rieter-Junior-Zentrum ein gelernter Bauer, der heute Bundesrat ist.

Aufgewachsen ist Christoph Blocher in einem Pfarrhaus. «Das Leben war hart. Pfarrer verdienten damals schlecht.» Verlassen hat er dieses Elternhaus mit 15, um seine Lehre zu beginnen. «Auf dem Bauernhof lernte ich arbeiten. Die Arbeit war das Leben.» Nach der Lehre sah er keine Zukunft: «Weil ich an einen eigenen Hof höchstens durch Einheirat herankommen wäre.»[8] Also holte

(8)
Fredy Gsteiger:
Blocher.
Opinio Verlag, Basel 2002

er auf dem zweiten Bildungsweg in der Privatschule Minerva die Matura nach. Er studierte Jura an der Uni Zürich, arbeitete als Werkstudent bei der Sihlpost. Eines Tages, als er in einer Gruppe Jugendlicher stand, welche die Emser Werke besuchte, stellte er derart hartnäckige Fragen, dass er dem Besitzer der Emser Werke, Werner Oswald, auffiel. Schon bald ging er im Hause Oswald ein und aus und erteilte den Oswald-Söhnen Nachhilfe. Nachdem Werner Oswald mitten in einer Sitzung tot zusammengebrochen war, hatte die Familie keinen geeigneten Nachfolger – aber das Vertrauen in den jungen

Juristen Blocher gewonnen. Der kaufte ohne eigenes Geld die Emser Werke; den dazu nötigen Bankkredit zahlte er binnen zweieinhalb Jahren auf Franken und Rappen zurück und schuf daraus den multinationalen Konzern Ems Chemie.

Lust auf das eigene Ding

Nicht alle, die klein anfangen, bringen es bis zur Weltspitze. Aber viele bringen es weit. Und immer stecken dieselben Motive hinter den Erfolgsgeschichten, Motive, die inzwischen bis in die linksalternative Szene gelobt werden. «Eigeninitiative ist wunderbar, unternehmerisch tätig zu sein, ist toll», sagt der Zürcher Sozialwissenschafter Philipp Klaus, ein Kind der Jugendbewegung von 1980, die damals als «Krawalljugend» verschrien wurde. In seiner Dissertation hat Philipp Klaus viele seiner damaligen Kollegen befragt, die inzwischen zu «kreativen, innovativen Kleinstunternehmen» herangewachsen sind oder, wie es Klaus nennt: zu «Brutstätten» einer Kulturszene, die allein in Zürich 28 000 Leute beschäftigen. Was hat die Leute zu diesen kleinen Karrieren angetrieben? «Einfach etwas Eigenes auf die Beine zu stellen, etwas Eigenes zu kreieren, Lust auf ein eigenes Ding», lauten die stereotypen Antworten.[9]

Wenn die beiden inzwischen prominenten Brüder Daniel und Markus Freitag erzählen, wie sie ihre Freitag-Taschen erfunden haben, tönt das so: «Die Idee war es, eine Tasche zu machen, die praktisch ist zum Velofahren. Ausserdem sollte sie ökologisch sein, aus Recycling-Materialien bestehen. Der Velokurier war gerade am Entstehen. Wir wohnten damals an der Hardbrücke beim Hardplatz in Zürich. Dort kam uns der Geistesblitz. Tausende von Lastwagen mit ihren Plachen fuhren vorbei.» Sie kauften sich eine solche Plache und produzierten daraus zwei Taschen für sich selber. Aus diesem Spontan-Design wurde innert zwölf Jahren ein alternativer Konzern mit 40 Mitarbeitern in Zürich und Exporterfolgen in Deutschland und Japan. Eine Freitag-Tasche brachte es bis ins Museum of Modern Art in New York.

(9)
Philipp Klaus:
Stadt, Kultur, Innovation.
Seismo Verlag, Zürich 2006

Der Erfolg fällt niemandem in den Schoss. Man kann ihn auch nicht erzwingen. Aber man könne ihn herbeiführen, wenn man zuversichtlich an seinen Zielen arbeite, ohne verbissen alles andere auszublenden. «Wenn man gelernt hat, der Lust zu folgen, erreicht man Ziele locker und entspannt, ja sogar fröhlich», sagt Daniel Zehntner, Inhaber der Branding-Agentur Eclat.

Das Unternehmen Ernst & Young ernennt jedes Jahr einen «Entrepreneur of the Year». Was verbindet alle Preisträger? «Den einen, einzigen Weg gibt es nicht», schreibt Thierry Volery, Professor für Entrepreneurship an der Universität St. Gallen, der die Karrieren aller Preisträger wissenschaftlich untersucht hat. «Was aber alle diese erfolgreichen Entrepreneure auszeichnet, ist der feste Wille, eine konkrete und realisierbare Vision zu verwirklichen.»[10]

(10) Thierry Volery, Ev Müllner: Visionäre, die sich durchsetzen. Orell Füssli, Zürich 2006

Ob Unternehmer, Künstler, Sportler – sie alle erzählen in unterschiedlichen Variationen die immer gleiche persönliche Geschichte: «Wichtig ist zu erfahren, dass man etwas bekommt, wenn man etwas macht», sagt Oswald Oelz, inzwischen pensionierter Chefarzt des Triemlispitals in Zürich, Bergsteiger und Publizist. «Ich habe ab meiner Mittelschulzeit nachmittags gearbeitet, zuerst im Wald, dann auf dem Bau und in einem Stanzwerk. Mir hat alles immer Freude gemacht. Sport ist für mich die ideale Erholung. Wenn ich nach langer Zeit im Spital emotional müde werde, muss ich eine Woche klettern gehen, dann sind die Batterien wieder geladen. 1978, nachdem ich auf dem Everest war, habe ich nachher 17 Monate ohne Pause gearbeitet. Da hatte ich so viel Energie. Das Durchbeissen kommt heute wohl insgesamt zu kurz. Schon die Kinder bekommen alles, ohne etwas dafür zu tun. Die meinen dann, es gehe ewig so weiter.»[11]

(11) NZZ, 28. 7. 2006

Die Bestseller-Literatur

Yiting Liu, einer Schülerin aus Chendgu, gelang, was sich alle jungen Chinesinnen und Chinesen erträumen: sie wurde von der Harvard University in Cambridge, Massachusetts, als Studentin aufgenommen. Flugs schrieben ihre Eltern ein Buch darüber, wie man sein Kind nach Harvard bringe. «Viele chinesische Eltern lassen ihre Kinder spielen, bis sie sechs Jahre alt sind», schreibt Vater Zhang. Er hingegen habe mit der Ausbildung angefangen, als seine Tochter Yiting gerade fünfzehn Tage alt war. Sie bekam Massagen, die ihre Sinne stimulieren sollten. Verwandte wurden gerufen, um während jeder wachen Stunde nonstop mit dem Kind zu reden, denn dieses verbale Sperrfeuer sei «entscheidend für die Entwicklung des IQ», ergänzt Mutter Weihua. Ab drei Jahren musste Yiting im Haushalt helfen, bald wurde sie zu kilometerlangem Schwimmen angehalten. Durfte ihre Tochter einmal sitzen, hatte sie Tagebuch zu führen und ihr Verhalten zu analysieren. Bisweilen musste sie einen Eisblock so lange in den Händen halten, bis ihre Finger purpurrot waren.

Dieses Buch der Eltern von Yiting Liu wurde zum Bestseller: 16 Monate lang auf Platz 1 in China, drei Millionen verkaufte Exemplare. Was zeigt, welcher Stoff in China ankommt – und wie unglaublich gross dieser Markt ist.

«Wäre Madonna aus Mettmenstetten, hätte sie wohl kaum diese Karriere hingelegt», sagt René Baumann, der in Kölliken im Kanton Aargau geboren wurde. Nach neun Jahren Schule lernte er Bäcker und Konditor, um in der Freizeit im Jugendhaus Aarau Platten aufzulegen. Aus ihm wurde DJ Bobo, der bis heute 15 Millionen Tonträger verkauft hat, für Emmi, Subaru und Swiss wirbt und sich selber als Kleingewerbler beschreibt: «Wir haben in der Schweiz neun und in Deutschland zwei Festangestellte, alles erfahrene Leute. Mit dieser Kerngruppe sind wir schlagkräftig, kreativ und kostengünstig.»[12] DJ Bobo singt sein *Chihuahua* längst auf Chinesisch, er kommt fast überall auf der Welt an, ausser in den USA, dem Mekka der Musikindustrie: «Ein hartes Pflaster.»

Napoleon Hill hingegen, der eingangs erwähnte Journalist, der zum Ratgeber wurde, wie man bei uns im Westen reich werden kann – er hatte seinen Erfolg auch der Tatsache zu verdanken, dass er ein Amerikaner war, der

(12)
BILANZ, Nr. 13, 2006

(13)
Napoleon Hill Foundation:
www.naphill.org

den Weltmarkt bedienen konnte. 60 Millionen Exemplare seines Buches gingen bis heute über den Ladentisch.[13] Wäre Hill nur ein Journalist aus Mettmenstetten gewesen, der hiesige Unternehmer nach ihrem Erfolgsgeheimnis befragt hätte, wäre er nie so gross herausgekommen. Der Schweizer Buchmarkt ist beschränkt – in deutscher Sprache auf 4,6 Millionen Personen.

Freilich suchen auch Schweizerinnen und Schweizer in Büchern Rat. Der diesbezüglich erfolgreichste Autor ist fast unbekannt. Norbert Winistoerfer heisst er, war früher Journalist beim BEOBACHTER und ist heute Leiter des Instituts für Unternehmenskommunikation an der Fachhochschule für Wirtschaft in Olten. Sein Rezept bestand, ganz ähnlich wie bei den Eltern Yitings oder wie bei Napoleon Hill, in der Offenlegung eines Rezeptes: «Ich mache mich selbständig.»

Sein Buch ging bis jetzt 120 000 Mal über den Schweizer Ladentisch, ein absoluter Bestseller. Wobei der Autor sein Publikum warnt: «Jeder dritte Firmengründer geht in den ersten zwei Jahren Konkurs.» Noch grösser ist die Ausfallquote unter den Buchautoren. Doch obschon die allermeisten Publikationen nicht einmal die Druckkosten hereinspielen, erscheinen in der kleinen Schweiz jedes Jahr 6000 neue Bücher auf Deutsch, die alle von der Landesbibliothek in Bern gesammelt werden.

Hinter vielen dieser Manuskripte steht, wie von Napoleon Hill verlangt, eine Idee. Auch haben die Autorinnen und Autoren fast immer ein tiefes Verlangen nach Erfolg. Meistens glauben sie an sich selber, ja sie üben sich bisweilen in Autosuggestion. Manche verstehen ihr Handwerk und schreiben akkurat. Ausdauernd müssen sie in jedem Fall sein. Damit erfüllen etliche dieser 6000 Autorinnen und Autoren, die in der Schweiz jedes Jahr ein neues Buch schreiben, alle Kriterien, die Napoleon Hill verlangt hat. Eigentlich sollten sie Erfolg haben – und dennoch scheitern die allermeisten, zumindest kommerziell. Und das ist kein typisch schweizerisches Phänomen. Überall auf der Welt erscheinen jedes Jahr unglaublich viele neue Bücher, obschon allen Beteiligten klar ist, dass eine Harry-Potter-Autorin noch seltener vom Himmel fällt als ein Lotto-Millionär. Warum nehmen so viele Leute so viele Mühen auf sich?

Weil das Geldverdienen zuletzt kommt. Das Leben ist von Geburt an ein ständiges *Trial and Error*, ein Prozess des Versuchens, des Scheiterns und des dadurch klüger Werdens. Zuerst muss man immer etwas tun, etwas unternehmen, etwas bewegen, etwas kreieren. Am Ende schaffen es dann die wenigsten nach ganz oben, ob im Sport oder in der Kultur; und in der Wirtschaftswelt läuft es ganz ähnlich. Entscheidend ist, dass der Wettbewerb offen ist für alle – dass möglichst viele Leute ein Software-Unternehmen gründen oder ein Buch schreiben können.

Gerade Joanne K. Rowling ist das beste Beispiel. Eine alleinerziehende Mutter, arbeitslos, von der Sozialhilfe abhängig, sass im Zug von Manchester nach London, als ihr – «wie aus dem Nichts» – die Figur des Zauberlehrlings Harry Potter einfiel.[14] Fieberhaft notierte sie die ersten Skizzen. Sie blieb dran, schrieb und schrieb. Auch nachdem sie in der Liste des US-Wirtschaftsmagazins FORBES als eine von 793 Dollar-Milliardären aufgetaucht war, die es auf der ganzen Welt geben soll, schrieb sie einfach weiter.

(14)
TV-Dokumentation auf Arte:
J. K. Rowling, Harry Potter und ich,
16. 12. 2005, 22.15 Uhr

«Macht eure Hausaufgaben!»

Was für Individuen gilt, trifft womöglich auch für Gesellschaften als Ganzes zu. «Was zählt, sind Arbeit, Sparsamkeit, Redlichkeit, Geduld, Beharrlichkeit. Für Menschen, die unter Armut und Hunger leiden, erregt eine solche Empfehlung vielleicht den Verdacht selbstsüchtiger Gleichgültigkeit. Am Ende aber ist keine Ermächtigung so effektiv wie die Selbstermächtigung»: So notiert es der grosse amerikanische Historiker David S. Landes, nachdem er auf 520 eng bedruckten Seiten zuvor die Wirtschaftsgeschichte der Welt von 1500 bis ins Jahr 2000 beschrieben und auf brillante Art und Weise dargelegt hatte, «warum die einen reich und die andern arm sind».[15]

(15)
David S. Landes:
Wohlstand der Nationen.
Berliner Taschenbuchverlag,
2002

Auf der allerletzten Seite meint Landes: «Manches in diesem Buch mag als ein Sammelsurium von Klischees anmuten, als jene Art von Lektionen, die man normalerweise zu Hause und in der Schule lernt, wenn Eltern und Lehrer eine pädagogische Mission erfüllen wollen. Heute rümpfen wir die Nase über solche Wahrheiten und tun sie als Plattitüden ab. Doch warum sollte Weisheit obsolet sein? Natürlich leben wir in einem Dessert-Zeitalter: Alles soll süss sein. Zu viele von uns arbeiten, um zu leben, und leben, um glücklich zu sein. Daran ist nichts auszusetzen. Nur fördert es nicht unbedingt eine hohe Produktivität. Wenn man allerdings eine hohe Produktivität haben will, dann sollte man leben, um zu arbeiten, und das Glück als einen Nebeneffekt nehmen.»

Damit Individuen sich frei entfalten können, müssen selbstverständlich ein paar institutionelle Voraussetzungen erfüllt sein. «Vergessen Sie doch Ihre eigene Geschichte nicht», mahnt der peruanische Ökonom Hernando de Soto. «Die Schweiz war noch im 19. Jahrhundert das Armenhaus Europas, ein Drittweltland mit nur wenigen natürlichen Rohstoffen. Auch sie wurde nicht dank Entwicklungshilfe wohlhabend, sondern weil sie sich eine funktionierende Marktwirtschaft und einen intakten Rechtsstaat schuf.»[16]

(16)
Daniel Ammann:
Der Mann, der heilige Kühe in
Goldesel verwandeln kann,
in: WELTWOCHE, 15. 9. 2005

In den Vororten rund um Lima, die die meisten Schweizer als «Slums» bezeichnen würden, beobachtet de Soto «innovative Unternehmer, die vom Staat unterdrückt werden». Er erzählt vom Fahrer, der schwarz eine Buslinie betreibt und sich mit anderen, ebenso illegalen Fahrern abspricht, um den Kunden fixe Routen und Fahrzeiten anzubieten. Dann erzählt er vom Elektriker, der einen kleinen Reparaturbetrieb führt. Vom Schreiner, der aus Abfallholz Betten zimmert und diese verkauft. Vom Schlosser, der aus rostigem Schrott Tür- und Fenstergitter herstellt. Von der fliegenden Händlerin, die noch die Ärmsten mit Zahnpasta und Zigaretten versorgt. Sie alle arbeiten angeblich illegal. Aber nicht etwa, um sich vor Steuern oder Sozialabgaben zu drücken, wie es in Europa üblich ist, sondern weil es ihnen die Rechtsordnung in Peru oder andern Länder der Dritten Welt gar nicht möglich macht, sich die nötigen Bewilligungen zu beschaffen.

«Je länger wir mit den Leuten in den Slums sprachen, desto mehr realisierten wir: Das Problem sind nicht so sehr die Armen, welche die Gesetze brechen, sondern das System, das die Armen zwingt, die Gesetze zu brechen.» Würden die Staaten der Dritten Welt die Voraussetzungen schaffen, dass sich diese Leute frei entfalten könnten, wären diese Länder kaum mehr so arm, wie sie sind.

«Warum hat Nicolas Hayek die Swatch nicht in Beirut erfunden?», fragt Thomas Friedman, Kolumnist der NEW YORK TIMES und Bestsellerautor (*The World is flat*). «Weil hier Infrastruktur, Bildung und eine gute Regierung vorhanden sind.»[17] Solche Vorteile sind vergänglich, andere Länder und Kontinente holen auf, und zwar schnell. «Wer vor 30 Jahren die Wahl gehabt hätte, als mittelmässiger amerikanischer Provinzler oder als hochtalentierter Chinese zu leben, der hätte sich für die USA entschieden, weil sie das bessere Leben versprachen. Heute ist es umgekehrt», sagt Bill Gates im Buch *The World is flat*. Autor Thomas Friedman doppelt nach: «Meine Eltern sagten jeweils: Tom, iss deinen Teller leer, in China und in Indien hungern die Menschen. Ich sage meinen Kindern: Mädchen, macht eure Hausaufgaben, die Menschen in China und Indien sind hungrig auf eure Jobs.»

Seine Kinder, schreibt Friedman, werden wohl kaum die Chance haben, so wie er 25 Jahre lang im selben Unternehmen zu arbeiten. Doch wenn er ihnen trotzdem einen Rat geben dürfe, wie sie in der Zukunft bestehen können, dann diesen: Sie sollen leidenschaftlich sein und neugierig! «Ein Kind, das begeistert lernt, das neugierig und wissbegierig ist, wäre mir jederzeit lieber als eines, das zwar rechnerisch intelligenter ist, dem es aber an Leidenschaft fehlt. Denn neugierige, begeisterungsfähige Kindern können sich Sachen selber beibringen, und sie können sich jederzeit motivieren.»

(17)
MAGAZIN, 26. 10. 2006

25

Auf der zweitletzten Seite seines Buches, das im Untertitel «Eine kurze Geschichte des 21. Jahrhunderts» heisst, schlägt Thomas Friedman ähnlich altbackene Töne an wie Wirtschaftshistoriker Landes oder wie der Ratgeber-Journalist Napoleon Hill: «Wir müssen härter arbeiten, schneller rennen, klüger werden, wenn wir uns unseren Anteil an den globalen Geschäften sichern wollen.»

Wie werde ich reich? – *Folgen wir dem Rat der Reichen, müssen wir fleissig sein, neugierig, leidenschaftlich, ausdauernd und vieles mehr, ja wir müssen sogar Freude und Lust an der Arbeit entwickeln – und uns gleichzeitig durchbeissen. Zudem müssen wir die richtigen Leute kennen lernen, um Erfolg zu haben. Das klingt wie die Klischees, von denen die ganze Ratgeberliteratur voll ist. Daraus lernen wir: Etwas muss dran sein. Aber was? Diese Klischees spiegeln notwendige Eigenschaften: ohne Neugier, ohne Leidenschaft, ohne Wille wird aus eigener Kraft niemand reich. Gleichzeitig sind dies aber noch keine hinreichenden Bedingungen für den Erfolg. Wenn wir wirklich erfahren wollen, wer heute in der Schweiz warum aufsteigt, müssen wir tiefer bohren. Zuvorderst steht wohl der Faktor Familie.*

Wie wichtig ist die Familie?

Ein Kind wird geboren; das ist schon von der Grammatik her ein passiver Prozess. Wir alle werden auf die Welt gestellt. Kein Baby kann die Mutter und den Vater wählen. Alles ist vom Schicksal, vom Zufall oder allenfalls von Gott abhängig.

Damit beginnt die Ungerechtigkeit mit dem ersten Schrei. Sogar die Sterblichkeit der Neugeborenen ist statistisch nicht etwa gleichmässig über alle verteilt, sondern hängt «in einem gewissen Mass» von der sozialen Lage ihrer Eltern ab, wie medizinische Untersuchungen der Universität Lausanne darlegen.

Die eine Mutter kümmert sich etwas weniger, die andere etwas mehr um ihr Kleines. Fördert es – spielerisch, musikalisch oder mit einem Englischsprachbad für Dreijährige. Neu bietet in Zürich eine private Vorschule Chinesisch für Dreijährige an; diese Sprache soll das Musikgehör extrem fördern. Judo, Ballett, Tennis, Reiten, Roboterbauen, Filmen, Klavier, Schlagzeug: jeder Ansatz von Begabung wird von einigen Eltern früh erkannt, von andern nicht. «Ob die Kinder in einer kleinen Mietwohnung in einem heruntergekommenen Stadtviertel oder einem Haus mit Garten in einer besseren Wohngegend aufwachsen», macht für Marc Szydlik, Soziologieprofessor an der Uni Zürich, einen Unterschied. «Auch die Grösse und Ausstattung des Kinderzimmers spielt eine Rolle.»

Bereits bei Vierjährigen belegen Tests «zweifelsfrei», dass zwischen der sozialen Herkunft und der intellektuellen Kompetenz ein enger Zusammenhang besteht. Das sagt Urs Moser von der Uni Zürich, der wohl renommierteste Bildungsforscher der Schweiz. Seit Jahren misst und misst er, und er kommt immer auf das gleiche Resultat: Die Ungleichheit ist gross, sie bleibt gross – trotz aller politischen Anstrengungen, «Chancengleichheit» herzustellen. Einmal hat Urs Moser die Menge der Bücher im Haus der Eltern erfasst, Regal für Regal, Zentimeter für Zentimeter. Prompt entpuppte sich die Länge der Buchreihen in der Bibliothek der Eltern «als recht zuverlässiger Indikator» für die schulischen Leistungen – von Primarschülern.

Manche Kids sind flink, beweglich, kräftig, andere behäbig und bereits übergewichtig. ETH-Sportwissenschaftler haben die Erstklässler in sieben Zürcher Schulkreisen getestet, und sie vermuten: Diese grosse Spannweite der sportlichen Leistungen hängt von der sozialen Herkunft ab. Der Schulkreis Limmattal, in dem viele Ausländer und tiefere soziale Schichten wohnen, «weist fast ausnahmslos die schlechtesten Werte» aus. Jämmerlich schneiden die Sonderklassen ab: Hier sammeln sich nicht nur Kinder mit schulischen Problemen, sondern auch mit körperlichen. «Diese Kinder hatten motorische Defizite, für die hier keine Begründung gefunden werden kann», heisst es in der Studie.[18]

(18)
Murielle Jeker:
Sportmotorische Bestandes-
aufnahme 2005.
Institut für Bewegungs- und
Sportwissenschaften,
ETH Zürich, Mai 2006

Doch was beweist das? Dass es keine Chancengleichheit gebe? Und wer wäre schuld daran? Etwa die Lehrerinnen samt den Turnlehrern?

Diese weisen die Verantwortung postwendend zurück. In einem offiziellen Pressecommuniqué spricht der Berufsverband der Schweizer Lehrer von «schlecht integrierten, verwahrlosten, renitenten oder desinteressierten Schülerinnen und Schülern». Heute «leide die Leistungsfähigkeit der Schule massiv unter dem Mangel an Erziehung in Elternhäusern».[19] Auch Urs Moser, der Zürcher Bildungsforscher, warnt: «Entscheidend ist hier die Frage, ob und wie es überhaupt möglich wäre, Chancengleichheit herzustellen.» Thomas Kessler, der Basler Migrationsdelegierte, bestätigt: «Viele Kinder haben ihre ersten vier Jahre vor dem Fernseher verbracht, jedes fünfte kommt verwahrlost in den Kindergarten.» Zu oft haben diese Kinder zu viele Kilos, zu viel Karies und sind schon vor dem ersten Schultag verloren.[20]

(19)
Dachverband Schweizer
Lehrerinnen und Lehrer, LCH:
Medienmitteilung
vom 11. 6. 2005

In der Theorie sind *gleiche Chancen für alle* denkbar, aber nur in der Theorie. «Wenn man das konsequent verwirklichen wollte, müsste man den Eltern ihre Kinder nach der Geburt wegnehmen, diese Kinder in einen Kibbuz stecken, und erst mit zwanzig kommen sie wieder

(20)
MAGAZIN, 11. 11. 2006

heraus», sagt Hanspeter Stamm, Soziologe in Zürich. Ein solch radikales Experiment ist bis jetzt nur in den Anfängen der Kibbuz-Bewegung in Israel ausprobiert worden, mit traumatischen Folgen für Kinder wie Eltern. Aber sonst nirgends, nicht einmal in der DDR, ging man so weit.

Bei uns gilt die hochgelobte «Selbstverantwortung» der Eltern. «Doch Eltern aus einfachen Verhältnissen haben gar nicht die Aspiration, dass ihre Kinder etwas Besseres lernen», sagt Bildungsforscher Urs Moser. Umgekehrt gelingt es den gebildeten Eltern nicht in jedem Fall, ihre eigenen Wünsche auf ihre Kinder zu übertragen; aber meistens schon. Jede Schwäche wird als «Teil-Leistungs-schwäche» früh erkannt und mit professionellem Stützunterricht angegangen. Man spricht von Dyslexie (Lese- und Schreibschwäche) und Dyskalkulie (Rechenschwäche), zwei heute grassierende Befunde. Auch ist nicht jedes hochbegabte Kind, das von ehrgeizigen Eltern als «hochbegabt» identifiziert wird, wirklich hochbegabt, während einige wirklich Hochbegabte, weil sie nicht als solche erkannt werden, in der normalen Volksschule ernsthafte Probleme bekommen.

Im Alter von 15 zeigt sich: Die Anstrengungen der Eltern zugunsten ihrer eigenen Schützlinge waren nicht umsonst. Wie weit sie es in der Schule bringen, hängt von der familiären Herkunft ab. Das ist überall auf der Welt so, aber: am stärksten ist dieser Zusammenhang in Deutschland, am zweitstärksten in Belgien, am drittstärksten in der Schweiz. Nachzulesen war dies in der berühmten Studie «Pisa 2000» der OECD. Dieser Prozess setzt sich fort: Wer es an die Uni schafft, hat mit 60 Prozent Wahrscheinlichkeit einen Vater und/oder eine Mutter mit Maturabschluss; und mit 42 Prozent Wahrscheinlichkeit haben der Vater und/oder die Mutter bereits einen Hochschulabschluss.[21]

«Gerade die Akademikereltern vollbringen einen Superjob in ihrem Bestreben, ihre Privilegien auf die nächste Generation zu übertragen», kommentiert der ECONOMIST diesen Zusammenhang trocken.

(21)
Bundesamt für Statistik: Soziale Lage der Studierenden in der Schweiz 2005. www.bfs.admin.ch

Die Pubertät löst erste Paarungen aus. Wer mit wem? Die Möglichkeiten scheinen grenzenlos. Kommt es später jedoch zur Heirat, gilt die Regel: gleich Gebildete bleiben unter sich. 68 Prozent der Männer, die nur die obligatorische Volksschule besucht haben, vermählen sich mit einer Frau, die ebenfalls nur die obligatorische Volksschule besucht hat. 58 Prozent der Männer, die eine Berufslehre abgeschlossen haben, heiraten eine Frau, die ebenfalls eine Berufslehre abgeschlossen hat.[22] Erst bei den Akademikern ändert das Bild. Bis jetzt haben sehr viele Männer «abwärts» geheiratet – aber nur deshalb, weil es nicht anders ging. Zu lange herrschte in den Hörsälen ein prekärer Frauenmangel; in jüngster Zeit haben sich diese Verhältnisse angeglichen, darum kommt es heute auch immer häufiger zu «reinen» Akademikerhochzeiten.

Wer am Bancomat nur Bahnhof versteht

Im Alter von 30 Jahren geht es den besser Ausgebildeten bereits besser, in finanzieller Perspektive wie in gesundheitlicher. Männer mit Universitätsabschluss haben eine Lebenserwartung vor sich, die um 7,1 Jahre länger ist als bei Männern, die nur die obligatorische Volksschule absolviert haben. Das ist ein erschreckend grosser Vorsprung, der fast nirgends so gross ausfällt wie in der Schweiz.[23]

Die ungleiche Chance, gleich alt zu werden, hat mit dem Lebensstil zu tun. Heute gibt es vier sogenannte «Killer»-Aktivitäten: zu viel Alkohol Trinken, zu viel Rauchen, zu viel Essen, zu schnell Autofahren.[24] All das können wir beeinflussen – indem wir Mass halten. Und sobald wir uns zudem regelmässig etwas bewegen, werden wir sehr wahrscheinlich alt. Selbstverständlich können wir den «vorzeitigen» Tod nie vollständig vermeiden. Das Herz kann jederzeit kollabieren, ein bösartiger Tumor immer auftreten, gerade der Brustkrebs bleibt für Frauen ab 40 eine ständige Gefahr; Autofahrer können töten. Aber die meisten andern Risiken lassen sich reduzieren.

(22)
Sonderauswertung der Volkszählung 2000, Bundesamt für Statistik, Neuenburg

(23)
Adrian Spoerri et al.: Educational inequalities in life expectancy in the German speaking part of Switzerland, in: SWISS MEDICAL WEEKLY, 2006. www.smw.ch

(24)
Walter Krämer, Gerald Mackenthun: Die Panik-Macher. Serie Piper, München 2003

Mit Risiken freilich gehen die sozialen Schichten unterschiedlich um. Zum Beispiel Nikotin: Unter Leuten mit tiefer Schulbildung rauchen 28 Prozent täglich. Bei Personen mit mittlerer Schulbildung sind es 24 Prozent, bei Personen mit hoher Schulbildung «nur» 19 Prozent.[25] Dasselbe beim Übergewicht, besonders ausgeprägt bei den Frauen. Mit hoher Schulbildung sind «nur» 18 Prozent schwerst- oder übergewichtig, bei mittlerer Schulbildung 27 Prozent, bei tiefer Schulbildung schwillt diese Quote an auf 37 Prozent.[26]

Wer in der Schule erfolgreich war, bildet sich meistens weiter – während sich die weniger gut Ausgebildeten weniger gut weiter bilden, was dramatisch ist. Ab 30 Jahren sei «ein langsamer, aber kontinuierlicher Leistungsrückgang zu beobachten», meldet das Bundesamt für Statistik. Von den 36- bis 45-Jährigen können 12 Prozent einen einfachen Text nicht verstehen, bei den 56- bis 65-Jährigen sind es fast doppelt so viele, 21 Prozent.[27] Oder wie der BLICK titelte: «170 000 Schweizer verstehen beim Bancomat nur Bahnhof.» 800 000 begreifen den Beipackzettel eines Medikaments nicht.

Je älter die Leute werden, umso ungleicher entwickeln sie sich. Die einen Erwachsenen bleiben aktiv und fit, reisen und tanzen, gehen ins Konzert und ins Theater, kaufen gern ein, essen gesund und freuen sich auf Sex. Auffällig oft kumulieren sich die Vorteile, auffällig oft kumulieren sich die Nachteile. Das ist objektiv so, das bestätigt sich subjektiv. Unter den Erwachsenen mit tiefster Ausbildung schätzt jeder Dritte seinen eigenen Gesundheitszustand als «sehr schlecht» ein. Besonders ungesund fühlen sich Hilfsarbeiter oder Verkäuferinnen, am schlechtesten die Fachkräfte in der Landwirtschaft und Fischerei. «Gesund» fühlen sich hingegen die selbständig tätigen Akademiker und die Führungskräfte, ob in der Privatwirtschaft oder der Verwaltung.

Keine Pyramide, sondern eine Zwiebel

Nach der Alterspensionierung ist der gesellschaftliche Graben tief. Wie tief, zeigt sich beim Vermögensstand.

(25)
Roger Keller et al.:
Der Tabakkonsum der Schweizer Wohnbevölkerung 2001 bis 2005. Bundesamt für Gesundheit, Mai 2006. www.bag.admin.ch

(26)
Monika Eichholzer et al.:
Ernährung in der Schweiz, in: PRAXIS, Verlag Hans Huber, Nr. 94, 2005

(27)
Zahlen für die Deutschschweiz. In der Westschweiz und im Tessin liegen die Quoten noch höher.
Philipp Notter, Claudia Arnold et al.:
Lesen und Rechnen im Alltag. Bundesamt für Statistik, Neuenburg 2006

(28)
Steuerstatistik 2001,
natürliche Personen,
Kantonales statistisches Amt,
Aarau, in: Heft 170, 2005

Laut den Steuerstatistiken im Durchschnittskanton Aargau präsentiert sich die finanzielle Rücklage der über-65-jährigen Haushalte in groben Zahlen so:[28]

— 20 Prozent versteuern ein Vermögen von null bis 100 000 Franken
— 40 Prozent zwischen 100 000 Franken und einer halben Million
— 25 Prozent zwischen einer halben und einer ganzen Million
— 14 Prozent zwischen einer und fünf Millionen
— 1 Prozent liegt darüber.

Damit schwingt das oberste Prozent obenaus: «die ganz Reichen». Darunter allerdings kommt eine obere Schicht zum Vorschein, die erstaunlich breit – und bemerkenswert reich ist. Am Ende des Lebens, im Alter von über 65 Jahren, versteuern immerhin vier von zehn Haushalten offiziell mehr als eine halbe Million Franken Vermögen. Eine solche Dichte an vermögenden Senioren ist wohl Weltrekord.

Trotzdem lesen und hören wir andauernd von einer sogenannten «Reichtumspyramide», die, wenn dieses Bild stimmen würde, von oben gegen unten immer breiter und noch breiter würde, so dass die meisten Leute auf dem untersten Sockel sitzen blieben. – Doch die Verhältnisse sind zum Glück anders, wie die obige Steuerstatistik zeigt und wie Soziologen seit längerem darlegen.[29] Die moderne westliche Gesellschaft ist, bildlich gesprochen, *keine* Pyramide, sondern eine Zwiebel. Unten, am Wurzelansatz der Zwiebel, darbt nicht etwa die grosse Mehrheit, sondern eine Minderheit, die «untersten 20 Prozent». Dann wird die Zwiebel breiter: die meisten Leute liegen im runden Bauch der Zwiebel. Gegen oben verengt sich die Zwiebel allmählich, bis eine schmale Spitze schier grenzenlos in die Stratosphäre sticht.

Wer nimmt am Ende des Lebens welche Zwiebel-Position ein? Wieweit liegt das an der individuellen Leistung? Wieweit an der familiären Herkunft?

(29)
Hanspeter Stamm et al.:
Soziale Ungleichheit in der
Schweiz.
Seismo Verlag, Zürich 2003

Glaubt man den Soziologen, hängt (fast) alles vom Schulerfolg ab und dieser (fast) allein vom Elternhaus. «Bildung bietet Lebenschancen», fasst der Zürcher Professor Marc Szydlik zusammen. «Sie hat immense Folgen für Einkommen, Beruf, Prestige, Karriere, Arbeitsplatzsicherheit, Beschäftigungsbedingungen, Übereinstimmung von Ausbildung und Arbeitsplatz, Vermögen, Rentenhöhe, Partnerwahl, Gesundheit und Lebensdauer.» In der Schule aber hätten nicht alle die gleichen Chancen. Marc Szydlik behauptet sogar: «Die Bedeutung des Einflusses der Eltern auf die Bildung kann man gar nicht überbewerten.»[30]

Hinzu kommt ein Effekt, den man tatsächlich kaum überschätzen kann: die Vererbung. Es ist dem Vermögen nicht anzusehen, wer es verdient hat. Das können auch die Eltern, die Grosseltern oder die Urgrosseltern gewesen sein. Weil das letzte Hemd sprichwörtlich keine Taschen hat, kommt hier ein massiver Kreislauf in Gang.

Wer Glück hat, erhält eine Schenkung, meist im Alter zwischen 40 und 50. Später, ab Alter 60, folgt der Nachlass. Wer Pech hat, erbt nichts. Ziemlich genau jede dritte Person erbt nie, weil weder ihr Vater noch ihre Mutter etwas hinterlassen. Ein weiteres Drittel der Schweizer Bevölkerung hat weder Pech noch richtig Glück: Sie erben, doch sie erben weniger als 50 000 Franken. Das letzte Drittel erbt von 50 000 Franken an aufwärts, wobei dieses *aufwärts* keine Grenzen hat. Ganz zuoberst wird die Spitze der Spitze schmal wie bei der Zwiebel. 0,6 Prozent der Erben erhalten rund 30 Prozent der gesamten Erbsumme, pro Kopf mehr als 5 Millionen Franken.[31] «Erbschaften stellen einen wesentlichen Faktor für die Weitergabe der sozialen Unterschiede von einer Generation zur nächsten dar», sagt Heidi Stutz vom Büro Bass, welches für den Nationalfonds das Thema «Erben in der Schweiz» untersucht hat.

Also hat das Elternhaus ohne jeden Zweifel einen enormen Einfluss darauf, ob eine Person arm bleibt oder reich wird. Die Schweiz ist *keine* reine Leistungsgesellschaft. Um das herauszufinden, muss man nicht soziologische

(30)
Marc Szydlik:
Generation und Ungleichheit.
vs Verlag für Sozialwissenschaften, Wiesbaden 2004

(31)
Heidi Stutz:
Erben in der Schweiz, 2006.
www.nfp52.ch

oder ökonomische Abhandlungen studiert haben. Man kann auch an einer Party die umstehenden 30- bis 40-Jährigen fragen: Wer wohnt wie? Wer noch immer in einem Block zur Miete, wer im eigenen Haus mit Garten? Die Antwort hängt nicht immer, aber auffallend oft von den Eltern ab. Nämlich ob diese zu einer Schenkung bereit und fähig waren – oder eben nicht. Im Sport würde man von «Doping» reden, im Kartellrecht von einer «Wettbewerbsverzerrung».

Reich geboren

«Mein Vater hat uns immer eingeimpft, wir seien arm», erzählt Josiah Hornblower, Nachkomme der Vanderbilts, einer bekannten Eisenbahn-Familie in den USA, im Dokumentarfilm «Born Rich». Bis ihn sein Onkel zur Grand Central Station in New York mitnahm und dem Kleinen dort eröffnete: «Dieser Bahnhof gehört dir.» Pause. Hornblower blickt mit verwirrtem Ausdruck in die Kamera, dann lacht er peinlich berührt. «Das ist wohl das Dümmste, was man einem Kind antun kann.»

Vielen Familien gelingt es, ihren Reichtum von Generation zu Generation immer weiter zu vermehren. Die historische Vorzeigefigur in der Schweiz heisst Alfred Escher (1819–1882), Mitbegründer der Schweizerischen Kreditanstalt, der Nordostbahn, der ETH, der Schweizerischen Rentenanstalt, Initiant des Gotthardtunnels, langjähriger Nationalrat, dreimal als Präsident. Er, der heute als «Vater der modernen Schweiz» bezeichnet wird, stammte aus der alten und einflussreichen Zürcher Familie Escher vom Glas, die vor ihm schon andere Ratsherren, Politiker und Ingenieure hervorgebracht hatte.

Was trieb Alfred Escher an? Er war doch «der Sohn eines Millionärs», wie Gottfried Keller einmal bemerkte, der ihn als erster Staatsschreiber der Zürcher Regierung persönlich kennen lernte. «Er unterzieht sich den strengsten Arbeiten vom Morgen bis zum Abend, übernimmt schwere weitläufige Ämter, in einem Alter, wo andere junge Männer von 25 bis 28 Jahren, wenn sie seinen Reichtum besitzen, vor allem das Leben geniessen. Man sagt zwar, er sei ehrgeizig; mag sein, es zeichnet nur eine bestimmte Gestalt. Ich meinerseits würde schwerlich, auch wenn ich seine Erziehung genossen hätte, den ganzen Tag auf der Schreibstube sitzen, wenn ich dabei sein Geld besässe.»[32]

«Die erste Generation baut ein Unternehmen auf, die zweite bewahrt es, die dritte verliert es wieder», lautet ein Satz, der dem alten Fürsten Bismarck zugeschrieben wird. Oft verläuft die Abfolge etwas langsamer – eher wie bei den «Buddenbrooks» von Thomas Mann.

Oder wie bei den Schmidheinys. Diese Familie hat die Industriegeschichte in den letzten 150 Jahren mitgeprägt. Vier Generationen lang, bis zu Stephan und Thomas, hielten und vermehrten sie ihr Imperium, das vom Zementkonzern Holderbank über die Eternit, Escher Wyss zum Hightech-Unternehmen Wild Leitz reichte und eine Zeit lang auch Landis & Gyr oder die Kiosk AG umfasste. Inzwischen wäre es an der fünften Generation, das Erbe zu übernehmen. Doch danach sieht es nicht aus. Stephans Sohn ist Helikopterpilot in Südamerika, Stephans Tochter im Musikbusiness tätig. Die vier Kinder von Thomas Schmidheiny sind alle noch in Ausbildung, aber ihr Vater hat den Rückzug eingeläutet: Er hat die Mehrheit bei der Holderbank, die inzwischen Holcim heisst, verkauft.

Die Söhne und Töchtern der sogenannt «Privilegierten» stehen seit je vor genau vor zwei Alternativen: Entweder es gelingt ihnen, sich oben zu halten (... und dann unterstellt man gern, sie hätten das der Kraft ihrer Geburt zu verdanken). Oder sie steigen ab. Bei dieser Abwärtsbewegung geht es ihnen materiell prächtig, es sinkt (vorerst) nur ihr sozialer Status. «Sind Akademiker bei geselligen Anlässen unter sich, kann durchaus die Bemerkung fallen, dass der eigene Sohn ‹nichts Rechtes›, nur Soziologie oder Ethnologie studiert», erzählt Martin Schmeiser, Soziologe an der Uni Bern.

Andere schaffen es gar nicht an eine Uni. Rein statistisch bringen es vier von zehn Akademikerkindern zum Akademiker – sechs nicht. Damit verpassen sechs von

(32)
Zitiert nach Joseph Jung:
Alfred Escher.
Verlag NZZ, Zürich 2006

zehn bildungsmässig das Niveau ihrer Eltern. «Was passiert, wenn der Sohn eines Arztes ‹nur› kaufmännischer Angestellter oder Krankenpfleger wird?», fragte sich der Soziologe Schmeiser und widmete dieser Frage, die in der Schweiz wie ein Tabu behandelt wird, seine Habilitationsschrift unter dem Titel «‹Missratene› Söhne und Töchter»:[33]

(33)
Verlag UVK, Konstanz 2003

Rudi V., Jahrgang 1964, Sohn eines Dorfarztes, Enkel eines Professors für Versicherungsmathematik, steigt bei der Gymi-Prüfung in den falschen Bus, kommt eine halbe Stunde zu spät und fällt durch. Er macht eine Schnupperlehre als Automechaniker – «bis ihm der erste Öltropfen auf die Haare fällt». Auch zwei andere Schnupperlehren bricht er ab. Er meldet sich bei einer privaten Handelsschule, schafft drei Jahre später sogar den Abschluss. Nun arbeitet er temporär, «etwa zwanzig Jobs innert zwei Jahren». Mit 25 Jahren wird ein Tumor entdeckt, Operation und Erholung ziehen sich hin, dann geht Rudi V. in die USA: drei Monate Reisen, drei Monate Sprachschule, finanziert von den Eltern. Nach der Rückkehr macht er «einen Strich unter das frühere Leben» – und geht an ein Privatgymi. Zur Finanzierung macht er in der Arztpraxis seines Vaters das Büro und wird dafür «sehr gut» bezahlt. Mit 30 schafft er die Matur, immatrikuliert sich an der Uni für Medizin, will Chiropraktiker werden, fällt jedoch zwei Mal durch die Zwischenprüfung, das dritte Mal «schenkt» er sie sich. Als 32-jähriger zieht er ins Elternhaus ein und arbeitet als Sekretär im Spital. Mit 34 beginnt er ein Studium an einer Fachhochschule für Wirtschaftliche Verwaltung, denn er will «nicht mehr einfach einen Schreibjob haben», es soll etwas sein, «das was darstellt». Für die Schule erhält er vom Vater ein Darlehen, was ihm im Fall eines Erfolgs «als vorgezogenes Erbe erlassen» worden wäre. Aber er bricht auch dieses Studium ab.

Klaus L., Jahrgang 1953, hat Eltern, die «beide Ärzte» sind. Er fliegt aus dem Gymnasium, darf aber an ein Privatgymi, wo er die Matura schafft. Einen Monat später zieht er von zu Hause weg, will «anders leben», liest

Longo Mai und ist von der Idee fasziniert, «Selbstversorger» zu werden. Er wird Vater, beginnt mit 26 eine Landwirtschaftslehre, dann kommt das zweite Kind, und er lässt sich auf einem Hof im Zürcher Oberland anstellen. Es folgt das dritte Kind, und Klaus L. will das Beste aus seiner Situation herausholen. «Jetzt gibt es nur noch eine Steigerung: der eigene Bauer zu sein, also selbständig, unabhängig, einen eigenen Hof haben.» Er sucht den Kontakt zu seinen Eltern und erfährt, dass sein Vater an einem Unfall gestorben ist. Als er die Mutter fragt, ob sie ihn beim Hofkauf unterstütze, «kommt ein bisschen weniger Solidarität» als von den Freundinnen, Freunden, Bekannten und der Mutter seiner Ehefrau. Das Paar kauft den Hof, es kommt zur Beziehungskrise, Klaus L. begibt sich in Therapie, bricht diese ab, die Frau zieht aus und nimmt die Kinder mit. Daraufhin beginnt er ein Studium (im Hauptfach Pädagogik, als Nebenfächer Psychopathologie und allgemeine Ökologie), vier Jahre lang, macht aber keinen Abschluss.

Martina E., eine Ernährungsberaterin, meidet Leute «mit Anzug und Krawatte» und ärgert sich über deren «schreckliches Benehmen». Helen G., 25, die zuerst ein Englisch-, dann ein Veterinärstudium abgebrochen hat, arbeitet als Flight-Attendant; ihre Eltern halten diese Berufswahl für «so etwas wie Prostitution». Und so weiter; im Buch von Martin Schmeiser sind viele weitere Beispiele nachzulesen.

Damit die Kinder nicht mit ihren berühmten Vätern verglichen werden können, wechseln sie häufig auf ein fremdes Feld. Diesen naheliegenden Ablöseprozess hat der Wirtschaftsjournalist Erik Nolmans auch bei gut bezahlten Spitzenmanagern beobachtet:[34] «Wir sind wie zwei Züge, die auf getrennten Gleisen aneinander vorbeifahren», sagt Phil Ospel im Luxushotel «Peninsula» an der Fifth Avenue in New York. Hier trifft Phil jeweils seinen Vater Marcel, wenn dieser geschäftlich in der Stadt weilt. «Er hat immer viel zu tun, aber meistens schafft er es, mich irgendwo dazwischen zu schieben.» Ospel jun. studiert an der New Yorker *School for Film and*

(34)
Erik Nolmans:
Reichsein als Chance,
in: WELTWOCHE, 26. 1. 2006

Television, den Unterhalt zahlt sein Vater. «Bankier wollte ich nie werden. Ich will meinem Vater beweisen, dass ich auf meine Weise Erfolg haben kann.»

Regula Gerber, Tochter des langjährigen Roche-Präsidenten Fritz Gerber, ist Direktorin und Intendantin des Nationaltheaters Mannheim, ihr Bruder Ruedi Filmemacher, ihre Schwester Bettina Hôtelière im Castell von Zuoz. Ilona und Daniella Rich, die beiden Töchter von Rohstoffhändler Marc Rich, sind als Bildhauerin beziehungsweise Fotografin tätig. Carolina Brabeck, Tochter des Nestlé-Chefs Peter Brabeck, arbeitet in Vevey, unweit der Konzernzentrale, in einem eigenen Atelier als Designerin. Mike Gut, Sohn des langjährigen Credit-Suisse-Präsidenten Rainer E. Gut, führt in Zürich die «Bar 0815» und das Restaurant «Nine». Nikolaï Hentsch, Sohn des Privatbankiers Bénédict Hentsch, ist Skirennfahrer – und hat diese Karriere primär seiner Mutter, einer Brasilianerin, zu verdanken. In die Schweizer Nationalmannschaft würde er es nie schaffen, also fährt er für Brasilien. «In der Weltrangliste bin ich in der Abfahrt auf Platz 300, im Super-G auf Rang 600.» Zu seinem Vater habe er ein ausgesprochen gutes Verhältnis. «Er glaubt immer noch, er könne besser Ski fahren als ich», spasst Nikolaï.

Selbst Ernesto Bertarelli, zurzeit der reichste Sohn im Schweizerland, der das Biotech-Unternehmen Serono geleitet und im Herbst 2006 für runde zehn Milliarden Franken verkauft hat – selbst er hat seinen bisher grössten Erfolg im Leben auf einem andern Ozean errungen: Als bester Segler der Welt, gesponsert von der UBS, in deren Verwaltungsrat er sitzt.

Halb angeboren, halb anerzogen

In der Regel entpuppen sich Kinder erfolgreicher Eltern als selber erfolgreich, so dass es von der einen Generation zur nächsten zur «sozialen Reproduktion» kommt, wie Soziologen klagen. Zur Erklärung kursieren zwei Theorien: Die erste hat mit dem Geld zu tun, die zweite mit den Genen. Die erste ist wirtschaftlicher Natur, die zweite biologischer.

Aus der Sicht der Ökonomen ist das Engagement der Eltern zugunsten ihrer Kinder etwas Kühles, Sachliches, Rationales. Eine «Investition». Eltern investieren in ihre Kinder, wie sie in übrige Dinge investieren. Weil sich das lohnt – wenn nicht streng finanziell, so doch emotional. Es geht um Bindungen, Harmonie, Freude, Gefühle. Eltern tun etwas für ihre Kinder, weil ihnen eigene Kinder das Liebste sind.

Der Amerikaner Gary S. Becker, Nobelpreisträger 1992, erklärt diese Investitionen mit Hilfe von mathematischen Formeln. Demnach dürfen Eltern, sofern sie genügend Geld übrig haben, zwischen zwei Alternativen wählen: Entweder sie legen ihr Geld auf die Seite, um es am Ende des Lebens ihren Kindern als Erbschaft zu hinterlassen. Oder sie investieren dieses Geld zuvor in deren Ausbildung.

Die Lösung ist fast trivial: Eltern, vor die Qual dieser Wahl gestellt, werden jene Alternative wählen, welche die höhere Rendite verspricht. Gary S. Becker spricht ausdrücklich von «Bildungsrendite»: Ein Mensch investiere in seine Ausbildung, damit er später ein hoffentlich höheres Einkommen erzielen könne. Wie bei der Rendite eines Sparbüchleins auf der Bank lässt sich auch die Bildungsrendite exakt ausrechnen.

Geht es nach Becker, schauen die Eltern stur darauf, wo die Rendite höher ist: bei einem Bildungsinstitut oder einem Bankinstitut? Ein Ingenieurstudium lohnt sich meistens, ein Ethnologiestudium meistens nicht. «Sowohl Eltern wie Kinder profitieren, wenn die Eltern all jene Investitionen in ihre Kinder vornehmen, deren Rendite über dem Sparzins liegt», rechnet der Ökonom Gary S. Becker vor.

Und was tun Eltern, die kein Geld haben? «Diese Eltern investieren zu wenig in das Humankapital ihrer Kinder», antwortet Gary S. Becker. Und weil das so ist, fordert der ansonsten strengliberale Professor der University of Chicago, dass der Staat aktiv werde: Mit möglichst guten Grundschulen für alle. «Da die Wahrscheinlichkeit effizienter Bildungsinvestitionen bei armen Eltern am geringsten ist, könnten solche Eingriffe auch die Ungleichheit der Chancen zwischen den Kindern reicherer und denen ärmerer Familien verringern.»[35]

Gemäss der ökonomischen Logik müsste sogar die Zahl der Kinder eine Rolle spielen. Denn je mehr Kinder eine Familie hat, umso weniger Geld, Zeit und Gefühle bleibt für jedes einzelne Kind übrig. Stimmt das? Jean-Marc Falter, ein Ökonom der Universität Genf, hat die Daten der Schweizer Volkszählung 2000 auf den Schulerfolg von Teenagern hin untersucht. Er fand heraus: Ja, es gibt einen Einfluss, und zwar unabhängig davon, wie gut oder wie schlecht die Eltern ausgebildet waren. Ein Einzelkind, das die volle Aufmerksamkeit seiner Eltern geniesst, hat die höchsten Chancen, ans Gymnasium zu kommen. Das erstgeborene Kind in einer Mehrkindfamilie liegt nur wenig zurück. Beim Zweitgeborenen sinken die Chancen, ans Gymnasium zu kommen, um 4,6 Prozent, beim Drittgeborenen um 6,2 Prozent, beim Viertgeborenen um 8,2 Prozent.[36]

Ob Ökonomen oder Soziologen, die Analysen tönen ähnlich. «Eltern unterstützen ihre Kinder lebenslang», schreibt Marc Szydlik. «Familienmitglieder werden lebenslang emotional unterstützt, man hilft im Haushalt und bei der Enkelbetreuung, pflegt bei Krankheiten im Alter, und man steht mit beträchtlichen finanziellen Transfers füreinander ein.» Weil die finanziellen Mittel ungleich verteilt sind, folgert Szydlik, «dass die lebenslange Solidarität zwischen Familiengenerationen zu einer Vergrösserung sozialer Ungleichheit führt».

Nun zur zweiten Theorie, wonach alles von den Genen abhängt. Demnach kommen die einen Kinder schon gescheiter auf die Welt als die andern. «Heutzutage», bestätigen Schweizer Bildungsforscher, «wird anerkannt, dass Intelligenz nicht nur durch Umweltfaktoren beeinflusst wird, sondern zu einem erheblichen Anteil genetisch bedingt ist.»[37] Oskar Jenni, leitender Arzt am Kinderspital Zürich, bestätigt: «Gemäss Zwillingsstudien hängt die Intelligenz zu mindestens fünfzig Prozent von den Genen ab.»

(35)
Gary S. Becker:
Familie, Gesellschaft und Politik.
Mohr Siebeck,
Tübingen 1996

(36)
Jean-Marc Falter:
Educational attainment in Switzerland,
September 30, 2005.
www.sgvs.ire.eco.unisi.ch

(37)
Erich Ramseier, Christian Brühwiler:
Herkunft, Leistung und Bildungschancen,
in: SCHWEIZERISCHE ZEITSCHRIFT FÜR BILDUNGSWISSENSCHAFTEN, Nr. 1, 2003

Der Genfer Ökonom Jean-Marc Falter wollte auch das genau wissen. Seine Untersuchungen mit den Daten der letzten Volkszählung haben zunächst bestätigt, was bekannt ist: Ein Kind kommt eher an ein Gymnasium, wenn bereits die Mutter am Gymnasium war. Die Chance ist in diesem Fall um 25 Prozent höher als bei einem Kind, das eine Mutter hat, die nur die obligatorische Volksschule besucht hat. Anschliessend hat Falter aber weiter untersucht: Wie steht es bei den Zwillingen? Hinge der Schulerfolg allein vom «Bildungsrucksack» der Mutter ab, müsste die erhöhte Chance eigentlich für *beide* Zwillinge gelten. Genau das aber ist nicht der Fall. Hat die Mutter eine Matura, ist die Chance, dass es *beide* Zwillinge an ein Gymnasium schaffen, zwar noch immer höher. Aber der Vorteil liegt nicht mehr bei plus 25 Prozent, wie bei einem gewöhnlichen Kind, er sinkt auf 14 Prozent und liegt damit signifikant tiefer.

Daraus folgert der Ökonom Falter, die Sozialwissenschafter hätten bisher dazu geneigt, «das Ausmass der intergenerationellen Beziehungen zu überschätzen».[38]

All das tönt vage, entspricht aber dem aktuellen Stand der Forschung. Wir wissen schlicht nichts Genaues, und das ist vielleicht ganz gut so. Der Bildungserfolg von Kindern lässt sicher weder mit den Genen allein erklären noch mit dem Geld der Eltern. Ein Teil ist angeboren, ein Teil anerzogen. Beides prägt ein Kind, sowohl das genetische Erbgut als auch das familiäre Umfeld. Und weil selbst Zwillinge oft nicht gleich erfolgreich oder gleich erfolglos sind, darf man auch eine dritte Dimension nicht übersehen: den persönlichen Einsatz, Wille, Ehrgeiz.

Das sei uns Trost und Hoffnung zugleich. Letztlich behält jedes Individuum einen Handlungsspielraum, der weder genetisch noch familiär vorbestimmt ist.

Das Leben des Kenan Güngör

Kenan Güngör ist im kurdischen Teil der Türkei geboren und dort als Bauernkind bei seinen Grosseltern aufgewachsen. «Ich bin die kurdische Version von Heidi.»

(38)
Jean-Marc Falter, Yves Flückiger:
Kinderarmut in der Schweiz, in: Themenheft Nationales Forschungsprogramm 52, Mai 2005.
www.nfp52.ch.
Leider haben die Genfer Forscher nicht zwischen eineiigen und zweieiigen Zwillingen unterscheiden können.

Mit sechs sah er zum ersten Mal ein Auto und ein TV-Gerät. Mit acht lebte er immer noch als Bergbub bei seinen Grosseltern in Kurdistan. Man schrieb das Jahr 1980, das türkische Militär ging brutal auf die Kurden los, und Kenan Güngör wäre, hätte er selber entscheiden dürfen, in Kurdistan geblieben. Als Partisanenkämpfer.

Kenan wurde nach Westdeutschland geschickt, nach Köln zu seinen Eltern. Dort musste er zunächst Türkisch lernen, damit er anschliessend Deutsch lernen konnte, denn hier sprach niemand Kurdisch. Er kam in Sonderklassen, die er damals nicht als Sonderklassen wahrnahm; es war für ihn einfach «der normale Weg des Durchlaufs». Er hatte schlechte Schulnoten, doch darüber gewundert hat sich niemand, er am wenigsten.

Ein Schlüsselerlebnis hatte er gegen Ende seiner Schulzeit in der Badeanstalt. Er war mit seinen Freunden unterwegs, und wie immer war er es, der die grosse Klappe führte. Der Anführer. «Das Alpha-Tier», wie er heute sagen würde. Damals im Schwimmbad schnappte er sich eine Zeitschrift, den SPIEGEL, blätterte darin, legte sich aufs Badetuch, verlor sich in den Buchstaben der Bildlegenden, bis er irgendwann aufblickte: Fünfzehn Jungs standen um ihn herum, völlig irritiert, starrten ihn an: Was tut der da? Ja, er las. Er, der aus einem Haus kam, in dem man keine Zeitungen liest, so wie alle andern Jungs hier auch aus Häusern kamen, in denen man keine Zeitung liest. Aber jetzt lag er da in der Badi und las den SPIEGEL.

Bis jetzt hatte er auch nie Hausaufgaben gemacht. Dann, im 9. Schuljahr, traf er auf eine Biologielehrerin. Es ging um Sex und Aufklärung, und Kenan hat rumgealbert, wie er sich das gewohnt war. Aber weil ihm diese Biologielehrerin irgendwie Eindruck machte, weil er sich sogar ein bisschen in sie verliebt hatte, ging er nach Hause – und tat, was für ihn völlig neu war: Er las nach. Er interessierte sich für den Stoff aus der Schule, zum ersten Mal in seinem Leben. Und irgendwann nahm ihn die Biologielehrerin zur Seite und sagte ihm: «Eigentlich könntest du mehr, wenn du wolltest.»

Ungefähr zu dieser Zeit wuchs Kenan aus seiner Gruppe, die er heute «Peer Group» nennen würde, heraus. Er machte eine kaufmännische Ausbildung, kam zu den Ford-Werken. Während seine Kumpels am Fliessband standen, musste er in Krawatte erscheinen. Er war etwas Besonderes. Klar, über Mittag in der Kantine traf er seine alten Freunde, ass mit ihnen, aber er war nun ein Anderer. Inzwischen las er regelmässig die Zeitung, interessierte sich für Politik, ging zu den Jusos, weil er ein Linker war. Worüber diese Jungsozialisten redeten, verstand er nicht, noch nicht, das war schon vom Vokabular her viel zu kompliziert. In diesen Kreisen lernte er jedoch seine erste richtige Freundin kennen. Eine Deutsche. Eine, die studierte. Auch er, der mit acht noch ein Ziegenhirte und Halbanalphabet war, verschlang nun Bücher. «Mit 20 las ich Nietzsche.»

Nach der Lehre holte er auf dem zweiten Bildungsweg das Abitur nach, dann studierte er Soziologie und nebenbei Philosophie. Er verschlang die abstrakten Theorien von Niklas Luhmann und Jürgen Habermas. Und wenn ihn seine Professoren fragten, warum er sich nicht für Migration interessiere, empfand er das als intellektuell beleidigend. Eine Frau müsse sich, nur weil sie eine Frau sei, auch nicht unbedingt mit der Frauenfrage herumschlagen.

Heute kümmert sich Kenan Güngör trotzdem um das Thema Migration. Schon sein Name bürgt für Authentizität. In Basel, besser gesagt: in Kleinbasel, das auch Klein-Istanbul genannt wird, führt er an der Hammerstrasse die Firma B-ASE, ein Büro für angewandte Sozialforschung und Entwicklung. Mit den Behörden von Basel-Stadt hat er unter anderem ein Projekt zum Thema «Rotlichtmilieu, Wohnquartiere und Stadtentwicklung» oder über «Sport und Integration» abgeschlossen. Daneben lebt er von Aufträgen in Vorarlberg, Wien und auch in Deutschland.

Seine Biografie beweist: Es gibt den direkten Weg vom Ziegenhirten aus Kurdistan zum Intellektuellen im deutschen Sprachraum.

Dank seinem Werdegang hat Kenan Güngör auch einen erfrischenden Zugang zur sozialen Realität der Ausländer in der Schweiz gewonnen. Er erzählt von seinen türkisch-kurdischen Freunden hier in Basel, die als Eltern sehr wohl wüssten: «Bildung ist wichtig.» Also wollen auch sie in ihre Kinder investieren, aber viele verzweifeln dabei. Ein Vater habe sein ganzes Geld in seine drei Töchter gesteckt, ihnen zum Beispiel ermöglicht, «in den Klavierunterricht zu gehen, so wie Schweizer Kinder auch». Trotzdem hat keine seiner drei Töchter gute Schulnoten heimgebracht, und nun fragt dieser enttäuschte Kurde den professionellen Soziologen: «Was habe ich falsch gemacht?»

«Mitentscheidend ist die Peer Group», antwortet ihm Kenan Güngör. Er sagt das als Soziologe, und er sagt das aus eigener Erfahrung. Vater und Mutter sind nicht cool, Lernen ist meistens auch nicht cool. Sobald sich in der Peer Group eine «Null-Bock»-Stimmung breit macht, sind die Eltern dagegen machtlos. Dann sind auch die Lehrer in der Schule dagegen machtlos.

Nun hat Kenan Güngör selber vordemonstriert, wie man mit 15 aus der Peer Group herauswachsen und aus diesem Kreislauf ausbrechen kann. Und er ist zum Glück nicht der Einzige. Eine seiner Schwestern arbeitet in Deutschland in einer Werbeagentur, eine Nichte als promovierte Juristin bei der UNO. Hört Kenan Güngör heute, dass die moderne westliche Gesellschaft «zu wenig durchlässig» sei, sagt er: «Dieser Befund mag stimmen». Aber er ergänzt: Man dürfe daraus bitte nicht eine «Beharrlichkeit der Gesellschaft» herauslesen, im Gegenteil. Die soziale Mobilität habe sich im Laufe des 20. Jahrhunderts fast «exponentiell verbessert», gerade die Schweiz sei doch keine «Ständegesellschaft» mehr wie früher. Zwar wäre er der Letzte, der sagen würde, Ausländer seien nicht benachteiligt. Klar seien Ausländer benachteiligt, bei der Lehrstellensuche müsse man sogar von «Diskriminierung» sprechen. Aber er meint: «Die Schicksalshaftigkeit, die daraus gemacht wird, ist übersteigert.»

Zum Schluss erzählt Kenan Güngör von den Türken aus der Türkei. Wenn die neu in die Schweiz kommen, fällt denen zuerst auf, dass sie keine Armen sehen auf der Strasse. Auf den zweiten Blick sehen sie aber auch keine Reichen auf der Strasse. «Wo sind die Millionäre?», werde er immer wieder gefragt. Und er erklärt ihnen dann, dass hierzulande selbst Professoren der Universität in den Kleidern von Handwerkern herumlaufen. – Darüber staunen Einwanderer und Touristen: dass die sozialen Gegensätze in der Schweiz von Auge kaum mehr erkennbar sind, weil wir es offenbar auch gar nicht mehr nötig finden, den sozialen Rang zur Schau zu stellen. Gelinge hingegen einem Türke der Aufstieg, beobachtet Kenan Güngör, zeige der das gern mit einem Statussymbol. Zum Bespiel mit einem Mercedes Cabrio, wie es Taner alias «Dany» Bahar, die heutige Nummer 2 von Red Bull, mit dem ersten Geld gekauft hat.

Ich bin ich

So schwer das Gewicht der Familie wiegt, so leicht ist es, für jede Regel eine Ausnahme zu finden. Wir alle wissen aus Erfahrung: Nicht alle Dicken sind dumm, nicht alle Dummen dick und schon gar nicht alle Dünnen klug. Eine Verteilung der Wahrscheinlichkeit sagt über den konkreten Einzelfall zum Glück wenig aus. Umgekehrt kann ein Viertgeborener seinen Misserfolg kaum damit entschuldigen, dass er der Viertgeborene sei – er hat ja bloss 8 Prozent weniger Chancen. Das ist noch kein Anlass zur Resignation. In der realen Welt reüssieren unzählige Spätgeborene als Unternehmer, Künstler oder Sportler. Murat ist der Siebtgeborene, Hakan der Letzt- und Achtgeborene von Emine Yakin. Auch Johann Sebastian Bach war ein Acht- und Letztgeborener.

Umgekehrt erfahren manche Privilegierte ihre Begünstigung oft als Druck. Man spricht dann von der «Hypothek des erstgeborenen Sohns». Auch weiss jedes Kind aus einem gebildeten Haus, dass es eigentlich bessere Chancen haben sollte, an ein Gymnasium zu kommen. Diese bessere Chance ist aber noch keine Garantie.

Alles ist möglich, erfreulicherweise auch immer öfter der Aufstieg von unten nach oben. In den Hörsälen der Universitäten und der ETH stammen heute 9 Prozent aller Studierenden aus einem Elternhaus, in dem sowohl der Vater wie auch die Mutter «keine nachobligatorische Ausbildung» genossen haben, auch *keine* Berufslehre. – Ja, es sind «nur» 9 Prozent. Ja, 9 Prozent sind «zu wenige». Ja, wir müssen alles tun, diesen Anteil zu erhöhen. Denn in der Elterngeneration der heutigen Studierenden haben 21 Prozent «keine nachobligatorische Ausbildung».[39] Also müssten, damit wirklich alle Schichten streng proportional an den Universitäten und der ETH vertreten wären, 21 Prozent der heutigen Studenten aus «bildungsfernen» Elternhäusern stammen.

(39)
Soziale Lage der Studierenden in der Schweiz 2005,
Bundesamt für Statistik,
Neuenburg 2005

Doch wir sollten uns in acht nehmen, die bisherigen Erfolge zu verniedlichen. In absoluten Zahlen bedeutet eine Quote von 9 Prozent: Zurzeit sind 10 000 junge Männer und junge Frauen von «ganz unten» bildungsmässig «ganz oben» angekommen. Sie haben weder einen Vater noch eine Mutter, die länger als neun Jahre die Schulbank gedrückt hatten. Trotzdem studieren diese 10 000 jungen Frauen und Männer heute an einer der neun Universitäten oder einer der beiden ETH.

Wie wichtig ist die Familie? *– Ungeheuer wichtig. Die Konsequenzen ziehen sich von der Kindheit bis über die Pensionierung hinaus durch. Wer in ein «gebildetes» Haus geboren wird, hat in jeder Beziehung bessere Perspektiven – vom Schulerfolg über die berufliche Karriere bis zum Heiratsmarkt, vom finanziellen Erbe bis zur statistischen Lebenserwartung. Ohne jeden Zweifel beeinflusst die familiäre Herkunft den sozialen Status von uns allen massgeblich; aber zum Glück ist sie nicht der alles und allein entscheidende Faktor. Immer kommt es auch darauf an, was das Individuum aus seiner Ausgangslage macht. Bei der Ausgangslage – richtig – gibt es massive Unterschiede, die Startchancen sind nie für alle gleich. Darum spielt die öffentliche Ausbildung auch eine derart politische Rolle: Sie muss – und kann – für eine ausgleichende Korrektur sorgen.*

Welche Bildung lohnt sich?

Ruedi Strahm wuchs im Emmental auf, absolvierte eine Lehre als Laborant, besuchte anschliessend die Ingenieurschule Burgdorf, welche er als dipl. Chemiker abschloss. Zwei Jahre lang arbeitete er in der chemischen Industrie. Dann erst ging er an die Uni für ein Ökonomiestudium. Seit er Politiker ist, heute im Amt als eidgenössischer Preisüberwacher, versucht er zu erklären, wie wichtig das duale Bildungswesen für die Schweiz sei. «Die meisten Politiker und Meinungsführer sind Akademiker, und die wissen überhaupt nicht, was Berufsbildung heisst.»

Dasselbe sagt Ulrich Stöckling, der langjährige St. Galler Bildungsdirektor, ebenfalls aus eigener Erfahrung. «Ich habe einen Sohn, der aus dem Gymnasium geflogen ist. Da war der Fall für mich völlig klar. Er machte eine Berufslehre, später die HWV, und heute leitet er in Südostasien eine grosse Firma. Er hat seinen Weg also genau gleich gemacht.»[40]

Es sei überhaupt nicht klug, wenn wir uns zu sehr auf den akademischen Weg fixierten. «In der OECD sind wir das Land mit der niedrigsten Akademikerquote», so Stöckling. «Ich muss mich dort immer gegen den Quatsch wehren, den sie mit ihren Ranglisten verbreiten, weil sie unser duales Berufsbildungssystem lange nicht kannten. Mich stört die niedrige Akademikerquote nicht, weil man mit der Berufsbildung eine gute Alternative hat. In Frankreich etwa macht man entweder das *Baccalauréat* oder man geht als Ungelernter Gestelle auffüllen. Dazwischen gibt es nichts.»

Jürgen Oelkers, Professor für Allgemeine Pädagogik, lobt unser duales Bildungssystem ebenfalls. Über die Berufslehre werde die Schule mit dem Arbeitsmarkt verkoppelt, und die erfreuliche Folge davon sei eine vergleichsweise niedrige Jugendarbeitslosigkeit: unter 5 Prozent liegt sie in der Schweiz, während sie sich in der EU im Durchschnitt um 15 Prozent bewegt. «Darum geht es bei der Chancengleichheit: Nicht der Schulabschluss

(40)
MAGAZIN, 6. 5. 2006

(41)

NZZ AM SONNTAG, 10. 9. 2006

(42)
Stefan C. Wolter:
Bildungsbericht Schweiz.
Schweizerische
Koordinationsstelle für
Bildungsforschung,
Aarau 2006

(43)
Sonderauswertung der Volkszählung 2000, Bundesamt
für Statistik, Neuenburg

ist das Kriterium, sondern die Chancen auf dem Arbeitsmarkt. Die entscheidende Frage ist: Wie viel Prozent eines Jahrganges kommen auf dem Arbeitsmarkt gut oder wenigstens halbwegs gut unter?»[41]

Der Einstieg zum Aufstieg ist und bleibt die klassische Berufslehre. «Daneben gibt es Einrichtungen wie die Diplommittelschule», sagt Stöckling. «Den grössten Boom haben wir bei der Berufsmaturität. Das ist natürlich ein Pfad nach oben.» Denn die Berufsmatura öffnet das Tor zu den Fachhochschulen, einer Institution, die zum «bedeutendsten Fortschritt in der Bildungslandschaft Schweiz» hochgejubelt wird. Die Zürcher Bildungsdirektorin Regine Aeppli, eine Akademikerin, die eines ihrer Kinder zwischenzeitlich in eine Privatschule geschickt hat, sagt: «Es ist eine enorme Bereicherung, dass wir neben dem bisherigen gymnasialen Königsweg nun auch noch einen zweiten Königsweg für all diejenigen haben, die aus der beruflichen Ausbildung kommen.»

Alle Kritiker, die in der Schweiz über eine «mangelnde Chancengleichheit» klagen, operieren gleich: Sie messen den Zugang zu den Gymnasien, um die Frage aufzuwerfen, «ob die Gymnasien weniger ein Sammelbecken für die besonders begabten als vielmehr für die privilegierten Jugendlichen darstellen».[42] Anschliessend messen sie den Zugang zu den Universitäten und den beiden ETH, um zu zeigen: das Tor in den Elfenbeinturm ist halb verschlossen. An den medizinischen Fakultäten werden zu 54 Prozent die Kinder von Akademikern zu Doktoren ausgebildet, an den Eidgenössischen Technischen Hochschulen werden zu 49 Prozent die Kinder von Akademikern zu ETH-Ingenieuren geschult, an den Universitäten insgesamt werden in 42 Prozent der Fälle die Kinder von Akademikern zu Akademikern geformt.[43]

Doch das ergibt ein verzerrtes Bild. An den Fachhochschulen nämlich sieht die Auslese anders aus, erfreulich anders. Hier stellen die Akademikereltern nur gerade 23 Prozent der Studierenden. Was bedeutet: Hier gibt es Platz für die andern, hier erhalten die Jugendlichen der mittleren und unteren Gesellschaftsschichten eine Chance – eine zweite Chance, nachdem sie die Volksschule hinter sich haben.

Tatsächlich bietet unser heutiges Bildungssystem so viele Möglichkeiten wie noch nie; diese Aussage stimmt sicher schon rein numerisch. Die Studentenzahlen an den Universitäten und den ETH steigen stetig, zurzeit sind es 112 000, an den Fachhochschulen steigen sie sogar steil, zurzeit sind es 55 000. Die Zahl der Berufsmaturanden hat sich in den letzten zehn Jahren vervierfacht; inzwischen gelingt bereits jedem fünften Lehrling eine Berufsmatur. Diese «Bildungsexpansion» hat 1980 eingesetzt, sich dann beschleunigt, und sie geht in unvermindertem Tempo weiter, bis mindestens 2015.

Davon profitieren zwei Gruppen:
— Die Frauen. Selbst bei den Meisterprüfungen nach der Berufslehre haben sie ihren Anteil auf 42 Prozent verdoppelt; an den Gymnasien haben die Mädchen längst die Mehrheit erobert (56 Prozent); an den Universitäten haben sie den Gleichstand mit 49 Prozent erreicht (1980 betrug ihr Anteil erst 32 Prozent); unter den Doktoranden sind sie noch in der Minderheit, aber bis 2015 haben sie auch hier aufgeholt, so die Prognosen.
— Die unteren Schichten. Dank der Diplommittelschulen, der Höheren Berufsbildung und den Fachhochschulen erhalten auch sie endlich einen Zugang zu höheren Bildungsabschlüssen.

«Der Apfel fällt zunehmend weiter vom Stamm»: So lautet das Fazit von zwei Ökonomen der Uni Zürich, welche die Bildungschancen der Jahrgänge 1934–1943 mit den Jahrgängen 1964–1973 verglichen haben. «Die Richtung stimmt», schreiben sie in der Schlussfolgerung, «auch wenn viele sich vielleicht beklagen, dass die Entwicklung zu langsam voranschreitet.»[44]
Die Fachhochschulen, sie sind das Ticket für den sozialen Aufstieg in der Schweiz: «Dieser Aspekt, der in der ganzen Entstehungsgeschichte nie zur Diskussion

(44)
Sandra Hanslin, Rainer Winkelmann: The Apple Falls Increasingly Far. WORKING PAPER No. 0603, Sozialökonomisches Institut der Uni Zürich, März 2006. www.soi.unizh.ch

(45)

Monika Pätzmann:
Die Fachhochschulen in der
schweizerischen Hochschul-
landschaft, Zürich 2005.
www.dissertationen.unizh.ch

gestanden hatte, hat mich sehr überrascht», sagt Monika Pätzmann, die das Rektorat der Pädagogischen Hochschule Bern leitet und ihre Dissertation zu diesem Thema verfasst hat. Ihr Kernsatz: «Fachhochschulen leisten
einen wichtigen Beitrag zur Chancengleichheit.»[45]

Unbegrenzte Möglichkeiten

Murat, 20 Jahre alt, hat die Lehre im Detailhandel
abgebrochen, weil ihm die Arbeit keinen Spass mehr
gemacht hat. Dann hat ihn sein Vater aufgrund einer
unerwünschten Beziehung zu einem Mädchen spital-
reif geprügelt. Vier Tage war er hospitalisiert. «Ich bin
dann ausgezogen, ich habe für mich selber Verantwortung übernommen. Ich habe Respekt vor meinem Vater,
trotz allem. Denn er hat eine Tellerwäscherkarriere in
der Schweiz gemacht. Er besitzt heute ein gutgehendes
Café.» Murat hat nun mit PC-Support angefangen, bietet diesen Service vor allem Senioren an und kann, wie
er selber meint, «gut leben» davon. Sein Ziel: «Autoprü-
fung, Freundin, ernste Beziehung, gesund leben – und
meinem Vater zeigen, dass ich es auch kann.»

Betty Zucker, die sich «Expertin im Change und
Knowledge Management» nennt, hat für das Bundesamt für Berufsbildung und Technologie (BBT) das Thema
Lehrabbruch untersucht, Biografien wie diejenige von
Murat nachgezeichnet und herausgefunden: Der Lehrabbruch sei weit verbreitet, aber zum Glück meistens
nicht endgültig. «Die Mehrheit der sogenannten ‹Ab-
brecher› bricht nicht ab; sie wechselt: den Ausbildungsplatz, den Lehrbetrieb, den Beruf oder den Ausbildungs-
weg.» Und diese Jugendlichen sind nicht nur flexibel,
auch selbstbewusst, und zwar aus Erfahrung: «Es ist
leichter, eine neue Lehrstelle zu finden, wenn man schon
eine hat, als wenn man keine hat.»

So geht es weiter; während des ganzen Lebens führen
immer häufiger Umwege zum Erfolg. Jede zweite Person
wechselt irgendwann den Beruf, den sie ursprünglich
gelernt hat. Wir leben in einer «Multioptionsgesellschaft»[46], gerade die Arbeitswelt ist im Vergleich zu

(46)

Peter Gross:
Die Multioptionsgesellschaft.
Edition Suhrkamp, 1994

früher extrem flexibilisiert. Das wird von einigen als Bedrohung wahrgenommen (Abstiegsgefahr!), von vielen andern aber als zweite, dritte, vierte Chance, verbunden mit Aus- und Weiterbildung.

Schön zum Ausdruck kam das am Samstag, dem 13. Mai 2006. Die Kantonale Maturitätsschule für Erwachsene (KME) im Zürcher Seefeld präsentierte ein «Festival der Biografien». Zwanzig Persönlichkeiten erzählten in zwanzig Schulzimmern von ihren persönlichen Werdegängen:

Judit Lienert, ausgebildete Krankenschwester, kaufmännische Angestellte, diplomierte Bootsbauerin, leitet heute das Forschungsprojekt Novaquatis an der ETH Zürich und befasst sich mit der Urinseparierung in der Abwasserreinigung. José Manuel López de Abiada, aufgewachsen in einem armen Bergbauerndorf im nordspanischen Kantabrien, wanderte in die Schweiz aus, schlug sich zu Beginn als Haus- und Gartenbursche durch, holte die Matura nach und besetzt heute den Lehrstuhl für spanische und lateinamerikanische Literaturen an der Universität Bern. Loris Scola, die Tochter eines italienischen Saisonniers, wurde, weil sie das Kind eines Maurers war, nur in die Realschule geschickt. Später studierte sie das Männerfach Mathematik, heute ist sie Gymnasiallehrerin und schreibt an Biografien. Christian Schönenberger begann als gewöhnlicher Elektroniklehrling, stieg auf zum ordentlichen Professor für Physik an der Uni Basel und leitet das neugegründete interdisziplinäre Swiss Nanoscience Institute mit mehr als 60 Wissenschaftlern.

André Schneider machte den Weg vom Profimusiker zum WEF-Manager. Fritz Senn vom Angestellten zum James-Joyce-Spezialisten. Ruth Dreifuss von der Hotelsekretärin, Entwicklungshelferin, Gewerkschafterin zur Bundesrätin. Salim Alafenisch vom Analphabeten zum Dichter. Astrid E. Frischknecht von der Buchhändlerin zur Change-Managerin. Gallus Cadonau vom Maschinenschlosser zum Umweltjuristen und Geschäftsführer der Greina-Stiftung. Michel Porret vom Buchhändler zum Geschichtsprofessor. Carlo Magnaguagno vom Arbeiterkind und Hochbauzeichnerlehrling zum Leiter des Jean-Tinguely-Museums in Basel.[47]

(47)
www.kme.ch/pages/
FO_FnUt.htm

Das Bildungswesen eröffnet neue Chancen, der technische Fortschritt ebenfalls. «Wer über einen Breitbandanschluss verfügt, hat die gleichen Möglichkeiten wie jeder andere Mensch, an Informationen zu gelangen, egal ob es ein Kind in Kambodscha oder ein Universitätsprofessor in Harvard ist», sagt Sergey Brin. Er ist vor 34 Jahren in Russland geboren, dann in den USA ausgewandert, wo er zusammen mit seinem Studienkollegen Larry Page an der Stanford University eine Suchmaschine entwickelt hat, die heute an der Börse für mehr als 150 Milliarden US-Dollar gehandelt wird: Google. «Ein totaler Gleichmacher», sagt Brin. Ob Indien in Asien oder Inden im Lötschental: alle Nutzer erhalten dank Google den gleichen Zugang zum Weltwissen.

Wir brauchen nur einen Computer, und den kriegen wir ab tausend Franken in erstaunlicher Qualität. Weiter brauchen wir einen schnellen Internetanschluss, und schon dürfen wir unsere Unternehmen starten. Jeder kann heute zum Beispiel sein eigener Verleger sein. Alle nötigen Programme können wir gratis herunterladen, um anschliessend die Inhalte gratis ins Netz zu stellen. Das geht (fast) ohne Kapital. Kevin Rose zieht täglich rund eine Million Besucher an, welche die aus ihrer Sicht interessanten Meldungen aus dem Internet herauspflücken und auf seiner Plattform *www.digg.com* zu einer Zeitung zusammenstellen. Vor sieben Jahren haben zwei Schweizer Studenten als Hobby eine Ausgehseite entwickelt, *www.usgang.ch;* daraus wurde eine Aktiengesellschaft mit 20 Festangestellten. Daniel Eisler bietet mit seinem Preisvergleichsdienst *www.comparis.ch* inzwischen ebenfalls zwanzig reale Arbeitsplätze an. Daniel Pink, ein erfolgreicher amerikanischer Autor und Blogger *www.danpink.com,* früher ein Berater von Al Gore, nennt es «die Rache von Karl Marx»: Erstmals in der Geschichte seien die Produktionsmittel quasi «in unseren Händen».

Die Bildungsrendite

Ob sich Bildung lohnt oder nicht, lässt sich mathematisch ausrechnen, bis auf die Stellen hinter dem Komma. Das tut nicht nur der amerikanische Ökonomie-Nobelpreisträger Gary S. Becker. Als Könner dieses Fachs gelten hierzulande Stefan C. Wolter, Professor für Bildungsökonomie an der Uni Bern, und Bernhard Weber, wissenschaftlicher Mitarbeiter beim Staatssekretariat für Wirtschaft, SECO.

Zuerst berechnen sie die Kosten: die Ausgaben für Schulgelder, Kursgebühren, Material. Zusätzlich schätzen sie die indirekten Kosten, welche dadurch entstehen, dass Leute in Ausbildung nicht (oder weniger) arbeiten und darum auch nichts (oder weniger) verdienen. Anschliessend schätzen die den Ertrag: Das ist der Lohnvorteil, den man dank der höheren Ausbildung später erzielen kann. Das Endergebnis ist eine Bildungsrendite, die in Prozent ausgedrückt wird. Selbstverständlich sollte man mit zusätzlicher Bildung mehr als bloss 2 oder 3 Prozent herausholen; sonst könnte man das Geld genauso gut auf einer Bank anlegen.

In der Statistik rentiert Bildung wie folgt:[48]
— Eine Berufslehre nach der obligatorischen Volksschule lohnt sich vor allem für Frauen. Sie erzielen dadurch eine Bildungsrendite von 9,3 Prozent. Bei Männern beträgt sie nur 5,7 Prozent. Diese Differenz sei «vorwiegend darauf zurückzuführen, dass die Verdienstmöglichkeiten von Frauen ohne nachobligatorische Schulbildung schlechter sind als für Männer». Auf dem Bau beispielsweise können auch ungelernte Männer hierzulande ganz anständige Löhne erzielen. Diese vergleichsweise niedrige Bildungsrendite für die Männer darf allerdings noch kein Argument sein, auf die Berufslehre lieber zu verzichten; den tiefen Prozentsatz muss man vielmehr als Ansporn verstehen, nach der Lehre eine Anschlussbildung anzuhängen. Denn auf diese Weise steigt die Bildungsrendite beträchtlich, wie wir gleich sehen werden.

(48)
Stefan C. Wolter,
Bernhard Weber:
Bildungsrendite –
ein zentraler ökonomischer
Indikator des Bildungswesens,
in: SCHWEIZER VOLKSWIRT-
SCHAFT, Nr. 10, 2005

—Eine höhere Berufsbildung mit einem eidgenössisch anerkannten Fach- oder Meistertitel lohnt sich sehr. Männer erzielen eine Bildungsrendite von 8,7 Prozent, Frauen von 7,6 Prozent.

— Noch mehr holen die Absolventen einer Fachhochschule heraus: Hier beträgt die Bildungsrendite für Männer 10,6 Prozent, für Frauen 8,7 Prozent.

Dies ist der typisch schweizerische Pfad zum Erfolg: obligatorische Volksschule, praktische Berufslehre, womöglich eine Zweitausbildung, Meisterprüfung, Berufsmatur, Fachhochschule. Kreuz und quer, Hauptsache aufwärts, und parallel dazu steigt der Lohn. Jeder junge Mann, jede junge Frau darf zur Kenntnis nehmen: Anstrengung lohnt sich, Ausbildung macht sich bezahlt, der Standort Schweiz bietet Chancen – und zwar just denjenigen Jugendlichen, die es *nicht* ans Gymnasium geschafft haben. Die Schweiz ist also gerade *kein* elitäres Land, in dem bereits im Alter von zwölf bis fünfzehn Jahren eine grosse Mehrheit vom sozialen Aufstieg ausgeschlossen wird.

Im Gegenteil: Glaubt man den harten Berechnungen, welche die beiden Ökonomen Stefan C. Wolter und Bernhard Weber anstellen, ist es just um die Elite, die den akademischen «Königsweg» wählt, schlecht bestellt:

— Das Gymnasium ist gerade noch lukrativ. Dank der Matur erreichen Frauen eine Bildungsrendite von 8,6 Prozent, Männer 6,1 Prozent.
— In zweifelhaftem Licht erscheint der Gang an eine Universität oder die ETH. Hier beträgt die Bildungsrendite für Männer lediglich 5,4 Prozent, für Frauen sinkt sie auf 2,2 Prozent.

«Akademikerlöhne», bestätigt der St. Galler Bildungspolitiker Ulrich Stöckling, «liegen nicht mehr über jenen von gut ausgebildeten Berufsleuten. Man vergisst immer, dass die Mehrheit der Akademiker keine Vasellas werden, sondern Mittelschullehrer.» Auch Silvio Borner,

Ökonomieprofessor an der Uni Basel, ist im Alter von 65 Jahren zur Weisheit gelangt: «Eine Universitätsausbildung lohnt sich kaum mehr.»

«Frisch» ab Uni steigen die Akademiker mit einem durchschnittlichen Jahresgehalt von 70 700 Franken ein. Besser verdienen die Absolventen einer Fachhochschule: sie bringen es unmittelbar nach dem Abschluss auf ein mittleres Bruttojahreseinkommen von 75 000 Franken.[49] Selbstverständlich ist die Streuung beträchtlich: von Student zu Student, von Fach zu Fach. Fünf Jahre nach dem Abschluss haben die Akademiker aufgeholt, ja sie haben es sogar ein klein wenig weiter gebracht als die Fachhochschulabsolventen: Die Durchschnittsjahreslöhne liegen mit 91 000 und 88 400 aber nahe beieinander. Das ist ein geringer Vorsprung für ein langes Studium; schliesslich werden Akademiker mindestens 24 Jahre alt, bis sie ihren Lebensunterhalt selber verdienen.

Bessere Aussichten bieten die Eliteuniversitäten der USA oder Grossbritanniens – und dies, obschon sie horrende Gebühren verlangen. An der Harvard Medical School zum Beispiel kostet das erste Studienjahr 37 000 US-Dollar, an der Stanford University ein Graduate-Studienjahr 44 000 US-Dollar. Trotzdem versprechen solche Investitionen einen hohen Gewinn. Auf alle Fälle sind die von den US-Ökonomen berechneten Bildungsrenditen sehr viel höher als in der Schweiz, meist im zweistelligen Bereich. – Warum? Sind amerikanische und britische Universitäten so viel besser?

Tatsächlich führen sie alle internationalen Ranglisten an. Die Liste der Shanghai Jiao Tong University steht auf Platz 1: Harvard, Cambridge (Grossbritannien), gefolgt von den amerikanischen Prestigenamen Stanford, Berkely, MIT, California Institute of Technology, Columbia, Princeton, Chicago. Auf Platz 27 erscheint die ETH Zürich als erste Adresse in Kontinentaleuropa, die Uni Zürich folgt auf Platz 58, die Uni Basel auf Platz 81.[50]

Die höhere Bildungsrendite der US-Universitäten hat aber auch einen weniger glamourösen Grund. In den Vereinigten Staaten von Amerika, dem angeblichen

(49)
Bundesamt für Statistik: Von der Hochschule ins Berufsleben, Neuenburg 2006. www.bfs.admin.ch

(50)
http://ed.sjtu.edu.cn/ranking.htm

Paradies für Tellerwäscher, muss man studiert haben, am besten an einer klangvollen Adresse, um später einen anständigen Lohn zu verdienen, geschweige denn um ein Spitzenverdiener zu werden. So lautet die Regel, die wie jede andere Regel eine berühmte Ausnahme hat: ausgerechnet Bill Gates, der reichste Mann der Welt, hat zwar an der Harvard University mit einem Studium begonnen, doch nie abgeschlossen (Bill Gates ist freilich in jeder Beziehung eine Ausnahme).

Harte Fächer, weiche Fächer

(51)
Im Amt von 1797 bis 1801
John Adams, der zweite Präsident der USA[51], schrieb einmal: «Ich musste Politik und Krieg studieren, damit meine Söhne die Freiheit hatten, Mathematik zu studieren.» Seine Söhne wiederum hätten Mathematik studieren müssen, damit deren Kinder, wie Grossvater John Adams prophezeite, «dereinst die Freiheit haben werden, Malerei, Poesie, Musik, Architektur, Bildhauerei, Tapisserie oder die Kunst des Porzellans zu studieren».

Längst hat sich diese Prognose erfüllt, gerade auch in Europa. Der Schwerpunkt des Interesses hat sich verschoben – weg von den «harten» Fächern wie Mathematik, Natur- oder Ingenieurwissenschaften, hin zu «weichen» Fächern. Bildung müsse sich doch nicht rentieren, hört man Kritiker heute sagen. Bei einem Studium gehe es um Erkenntnisse, Erfüllung, Genugtuung, Zugang zu Kultur und vielem mehr.

Sicher. Nur ist das ein Luxusargument in einer Luxuswelt. «Je mehr Geld im Elternhaus vorhanden ist, desto weniger wichtig sind monetären Faktoren», bestätigt der Schweizer Bildungsökonom Stefan C. Wolter. Dann leistet man sich, dass der Sohn oder die Tochter fünfzehn Semester lang Archäologie oder Orientalistik studiert. Das ist übrigens keine saloppe Übertreibung: 50 Prozent der Geistes- und Sozialwissenschafter an den Universitäten Bern und Zürich studieren länger als fünfzehn Semester. Aus Sicht der Jugendlichen aber, die von unten kommen und nach oben steigen wollen, sehen die Verhältnisse anders aus. Stefan C. Wolter: «Bei Studierenden mit Eltern, die sozioökonomisch weniger gut gestellt sind, ist die Rentabilität des Studiums ein wichtiges Argument.»[52]

Solange die grosse Mehrheit der Studierenden an einer Schweizer Universität von gebildeten und wohlhabenden Eltern abstammt, muss sich Bildung aber nicht unbedingt lohnen. Folglich gibt es inzwischen auch mehr als genug studierte Historiker, Politologen, Medienwissenschafter, Ethnologen, Kunstwissenschafter etc.

– während Fred Kindle, oberster Chef der ABB, klagt: «Wir haben in ganz Europa Mühe, genügend Ingenieure mit den für uns richtigen Qualifikationen zu finden.» Das sei wohl für den Standort Schweiz ein Defizit, jedoch nicht für die globale ABB. «Wir können Ingenieure auch in China oder in Indien anstellen.»[53]

Villigen im Kanton Aargau. Am Paul-Scherrer-Institut tragen die Forscher Turnschuhe, T-Shirts oder Pullover. Sie meiden grosse Worte, aber ihre Experimente könnten die Physik revolutionieren. Die Gruppe um den Physiker Roland Horisberger entwickelt einen Pixeldetektor, eine Art elektronische Kamera für Elementarteilchen, die sie auf die Spur einer bislang bloss vermuteten neuen Materie bringen soll. Sämtliche Apparaturen bauen die Forscher selber, weil es so etwas schlicht «noch nicht gibt auf der Welt».[54]

«Forschung», sagt Horisberger, «ist ein Abenteuer, ein Vorstossen ins Unbekannte.» Leider aber sei es schwierig, hierzulande fähige und einsatzfreudige Doktoranden zu finden. Von den Schlüsselpersonen seines Teams stammen nur drei aus der Schweiz, fünf aus dem Ausland. «Wir verlieren die physikalisch-technische Manpower», warnt Horisberger.

Eigentlich hätte Rolf Pfeifer Buchhalter werden sollen. Die Handelsschule hatte er sogar abgeschlossen. Doch dann erkannte er, dass dieser «krisensichere Beruf» mehr ein Wunsch der Mutter war als sein eigener. Rolf Pfeifer ging an die ETH und studierte Physik. Heute ist er Professor für künstliche Intelligenz an der Uni Zürich,

(52)
NZZ, 31. 10, 2006

(53)
CASH, 21. 9. 2006

(54)
Philipp Gut:
Zu weich für die harten Fächer,
in: WELTWOCHE, 19. 10. 2006

eine internationale Kapazität. Er publiziert seine Bücher in der renommierten MIT Press, und bevor diese auf Englisch erschienen sind, werden sie auf Japanisch übersetzt. Er arbeitet 70 Stunden die Woche, mindestens. Sich selbst bezeichnet er als «überzeugten Autodidakten». Er könne heute alles, was er einmal gelernt hat – Physik, Sprachen, Mathematik, Psychologie und Informatik –, anwenden. In seinem Labor in Zürich, wo permanent Japaner und Chinesen beschäftigt sind, baut er autonome Roboter, fieberhaft auf der Suche nach einer Antwort auf seine simple Frage: «Was braucht ein Organismus alles, um einfachste Bewegungen zu steuern? Um zu gehen oder gar zu rennen? Um ein Glas zu ergreifen, es zu heben und anschliessend, wenn zum Beispiel Bier drin ist, dieses in den Mund zu leeren?»

Pfeifer hielt von der University of Tokyo aus Vorlesungen, die via Internet direkt nach Beijing, Jiddah, Warschau, Lodz, München und Zürich übertragen wurden. Über die Studierenden in Asien sagt er: «Fantastisch.» Über die Esten, Polen, Tschechen, Slowaken sagt er: «Viel positive Energie.» Bei manchen Schweizerinnen Neugier, das Feuer.

Als Patrick Aebischer hörte, dass in China mehr Transistoren gebaut als Reiskörner gepflanzt werden, hatte er eine schlaflose Nacht. Seither verfolgt Aebischer als Präsident der ETH Lausanne ein einziges Ziel: er will aus der Schweiz das führende Bildungsland machen.

«Was soll ein 19-Jähriger heute studieren?» – «Er sollte, wie man auf Französisch sagt, ein *Polytechnicien* werden», antwortete Patrick Aebischer in einem Interview mit der WELTWOCHE. «Er muss vor allem vielseitig sein, muss quantitative Analyse, Physik und Mathematik beherrschen. Das sind die Grundlagen. Überdies sollte er einige Kurse in Sozialwissenschaften und Wirtschaft belegen, eine oder zwei Sprachen zusätzlich zu seiner Muttersprache können und über Management Bescheid wissen. Zudem sollte er auch eine gewisse Sozialkompetenz besitzen.» Aebischer empfiehlt den Studierenden, «nicht mehr ein einziges Fach zu studieren», sondern sich «Werkzeuge» anzueignen, um sich in einer Welt des Wandels zu behaupten. «IT- und Cyber-Security, Brain-Machine-Interfaces, Functional Food, das sind die Stichworte für die Forschung der Zukunft. In der Nano-Welt von morgen werden wir wunderbare Dinge vollbringen.»

Auf die Nachfrage, welche «Werkzeuge» er konkret meine, die man sich aneignen müsse, mailt Patrick Aebischer zurück, er möchte den Leserinnen und Lesern dieses Buchs vor allem einen Rat geben: «Be curious and hungry, so that you will be able to anticipate the need of the society.»

Damit junge Leute diese Bedürfnisse der Gesellschaft richtig antizipieren können, brauchen wir die Spitzenforschung. Hier und jetzt. Wo die Besten studieren, entstehen neue Firmen, die am Anfang den besten Studienabgängern, später auch Leuten mit Berufsbildung interessante Gelegenheiten bieten.

So läuft das überall auf der Welt. Rund um das MIT in Boston, Massachusetts, haben die Uni-Absolventen bis heute 4000 Unternehmen gestartet, welche inzwischen 1,1 Millionen Arbeitsplätze anbieten und jährlich 232 Milliarden US-Dollar Umsatz machen. Und erst im Silicon Valley: «Es war unglaublich», erzählt Steve Wozniak, der einst mit Steve Jobs in einer Garage den Grundstein zum Computerriesen Apple legte. «So richtig begann es in den sechziger Jahren, es verschärfte sich in den Siebzigern, als man erkannte, dass der Mikrochip zur Technologie unseres Lebens würde. Es lief von selber: Gute Firmen hatten Erfolg, sie schufen Wohlstand, aus jeder Firma stiegen wieder einzelne Leute aus, um selber eine eigene Firma zu gründen. Wir fanden die Infrastruktur vor, und wir kamen im Valley halt auch in Kontakt mit den richtigen Leuten, mit Leuten, die wir bewunderten und mit denen wir diskutieren konnten.»[55]

«Begabte Menschen wollen in der Nähe anderer begabter Menschen leben», lernt daraus Ernst Hafen. 1998 hat er das Biotech-Unternehmen *The Genetics Company* gestartet. Es beschäftigt 24 Forscherinnen und Forscher.

Untergebracht ist diese Firma im Biotech Center Zürich, einem fünfstöckigen Büro- und Laborgebäude mit vielen weitere Biotech-Start-ups. Insgesamt arbeiten 350 Forscherinnen und Forscher unter einem einzigen Flachdach in Schlieren an der Wagistrasse: «In close proximity to both the University of Zurich and the ETH Zurich», wie es in den Werbeprospekten von *The Genetics Company* heisst.

Die Schweiz braucht Leute wie Ernst Hafen, dessen Amtszeit als ETH-Präsident leider zu kurz war. «Number one», «twenty-twenty», waren seine ersten Worte nach dem Antritt. Bis 2020 wollte er seine Hochschule – zusammen mit der ETH Lausanne und den Universitäten Zürich und Basel – zur Nummer 1 der Welt hochbringen. Das scheint zu ambitiös gewesen zu sein für hiesige Professoren. Hafen konnte sich nicht durchsetzen und war nach elf Monaten sein Amt wieder los.

Welche Bildung lohnt sich? – *Ein langes Universitätsstudium selten, und auch exotische Phil-1-Fächer, die in der Schweiz häufig gewählt werden, lohnen sich finanziell gesehen kaum. Doch das ist ein Wohlstandsphänomen, wie es auch in andern reichen Ländern beobachtet wird. Gleichzeitig erlebt die Schweiz jedoch eine Bildungsexpansion, die erfreulich ist: es profitieren insbesondere die Frauen und allmählich auch die tieferen Schichten. Man kann nämlich auch mit einer Berufslehre starten, dann eine höhere Fachschule oder eine Fachhochschule anhängen – und hat später dank der Berufspraxis oft bessere Chancen auf eine Karriere als manche Universitätsabgänger. Damit solche typisch schweizerischen Umwege zum Erfolg, die oft mit höchsten Löhnen honoriert werden, auch in Zukunft möglich sind, brauchen wir international wettbewerbsfähige Ausbildungsstätten – und zwar auf jeder Stufe: von der Lehrlingsabteilung der Migros, den Juniorenabteilungen der Zürcher Grasshoppers über die Fachhochschulen für Musik bis zum Biozentrum der Uni Basel.*

Spielt der Pass eine Rolle?

Der Test war simpel. Auf echte Stelleninserate in der Presse reichte die Neuenburger Politologin Rosita Fibbi jeweils zwei Bewerbungen fiktiver Kandidaten ein. Sie unterschieden sich einzig beim Namen und Herkunftsland; alle andern Kriterien – Schulzeugnis, Erfahrung, Geschlecht, Alter – waren identisch. Resultat: *Nomen erat omen*, Afrim war nicht gleich Peter. Afrim wurde viel seltener zu einem Bewerbungsgespräch eingeladen, trotz des exakt gleichen Profils wie Peter.

«Die Diskriminierungsquote liegt für die Albanisch sprechenden Jugoslawen bei 59 Prozent, für die Türken bei 30 Prozent; bei den Portugiesen hingegen liegt die Diskriminierungsquote tiefer.» Bedenklich auch der internationale Quervergleich: in Deutschland werden die Türken «nur» halb so stark benachteiligt wie in der Schweiz. Überhaupt wird offenbar nirgends auf der Welt eine Volksgruppe so stark diskriminiert wie die Kosovo-Albaner in der Deutschschweiz.[56]

Einen ähnlichen Test machte Andrea Lanfranchi, Professor an der Zürcher Hochschule für Heilpädagogik. Er interessierte sich für sonderpädagogische Zuweisungen. Also definierte er typische Fallbeispiele aus dem Schulalltag und fragte nach, wie 655 Lehrpersonen in neun Kantonen darauf reagieren. Dabei hat Lanfranchi die Namen, die Herkunft sowie den Beruf des Vaters verändert. Fazit: «Wenn ein Kind Anton heisst und sein Vater Hilfsarbeiter ist, kommt er im Fall von Schwierigkeiten beim Lesen, Schreiben und Rechnen im Kanton Aargau fast drei Mal häufiger in eine Sonderklasse, als wenn er – bei identischer Problemlage! – Mike hiesse und als Sohn eines Chefarztes geboren wäre. Heisst der Junge Bekir und stammt sein Vater aus Kosovo, ist die Wahrscheinlichkeit, dass er bei Verhaltensauffälligkeiten in eine Sonderschule kommt, doppelt so gross, als wenn er Lukas hiesse und Schweizer wäre. Dafür bekommen Mike und Lukas bzw. ihre Eltern mehr Beratung als Anton und Bekir.»[57]

(56)
Aufsatz von Rosita Fibbi
in: SOZIALBERICHT 2004.
Seismo-Verlag, Zürich 2004

(57)
Andrea Lanfranchi:
Nomen est omen,
in: SCHWEIZERISCHE
ZEITSCHRIFT FÜR HEIL-
PÄDAGOGIK, Nr. 7/8, 2005

Viele ausländische Jugendliche bekommen zu spüren, dass sie «keine Chance» haben. Dieser Eindruck verfestige sich in den Peer Groups: «Die Wahrnehmung macht die Diskriminierung noch schlimmer, als sie eigentlich ist», warnt der Basler Soziologe Kenan Güngör.

Ardi, ein albanischer Jugendlicher in Emmen, hat trotz abgeschlossener Sekundarschule «über 200 Bewerbungen» schreiben müssen, bis er endlich eine Lehrstelle fand. Fatlum, ebenfalls Albaner in Emmen, der im 10. Realschuljahr steht, erzählt: «Eine Kollegin von mir ist Afrikanerin. Sie ist in der Schule sehr gut, eigentlich die Beste in unserer Klasse. Sie hat noch immer nichts gefunden. Das finde ich sehr schade. Vielleicht liegt es daran, dass sie schwarz ist.»

Mit Ardi, Fatlum und 40 andern Jugendlichen, die in der Luzerner Vorstadt Emmen leben, haben zwei Sozialwissenschafterinnen der Hochschule für Soziale Arbeit in Luzern, Eva Mey und Miriam Rorato, ausführliche Interviews geführt.[58] Darin zeigte sich: Diskriminierung findet auch im Alltag statt.

(58)
Eva Mey, Miriam Rorato:
Soziale Vernetzung von
Jugendlichen mit Migrationshintergrund, Hochschule für
Soziale Arbeit, Luzern 2006.
www.hsa.fhz.ch

Luka wollte in die Disko *Froschkönig*, erhielt jedoch keinen Einlass. Als er seinen Schweizer Pass zeigte (Luka ist eingebürgert), habe der Türsteher nur auf den Nachnamen geschaut: «Tut mir leid. Du kommst nicht rein.» Tage später wies er sich mit einem ausgeliehenen Pass eines Schweizer Kollegen als jemand anders aus. Jetzt durfte er eintreten. «Das ist etwas Schlimmes», empfindet Luka. Ein anderer serbischer Jugendlicher, Stepan, erzählt dasselbe: «Dort lassen sie einfach keine ‹Jugos› rein. Es gibt ein paar Idioten, die einfach Scheiss machen. Aber ich zum Beispiel, der nichts anstellt, kann auch nicht in diese Disko reingehen. Das finde ich eben schade. Ja. Sie denken einfach, dass die Serben am meisten Probleme machen. Das stresst mich am meisten. Es gibt auch nette Serben, und diese sollen sie in den *Froschkönig* rein lassen.»

Ob auf der Lehrstellensuche oder in der Disko, ob auf der Wohnungssuche oder als Kleingewerbler: vor allem die Endung -ic tönt nicht typisch «schweizeric».

Dragan Ljubisavljevic, 29-jähriger Serbe, ist mit vierzehn Jahren hierher gekommen, begann in Zürich ein Werkjahr, wechselte in eine private Sekundarschule, ging für ein Jahr nach Genf, lernte Französisch, schaffte die Matur und hängte, zurück in Zürich, eine Ausbildung in Betriebswirtschaftslehre an einer Fachhochschule an. Dann arbeitete er bei einem Marktforschungsinstitut. Vor vier Jahren gründete er einen eigenen Einpersonenbetrieb, die Enquist Technologies, die IT-Lösungen für Schweizer KMU anbietet. Der Name Enquist stammt von einem schwedischen Schriftsteller, soll hier aber die Vorstellung wecken, dass hinter dieser Firma ein schwedischer Ingenieur stecke, bei dem Ljubisavljevic, der Serbe, nur ein Mitarbeiter sei.[59]

Schweden sind beliebt, Serben nicht. Diskriminiert werden nicht «die Ausländer» generell, aber gewisse Nationalitäten. Dasselbe Ergebnis in einer Univox-Umfrage, die auf das Jahr 2002 zurückgeht. Gefragt wurde, welche Personengruppen «in der Schweiz fehl am Platz» seien. Null Prozent der Bevölkerung antworteten, die Italiener seien «fehl am Platz». 1 Prozent empfanden die Portugiesen als «fehl am Platz». Hingegen antworteten 15 Prozent der Bevölkerung, die Türken seien «fehl am Platz», 25 Prozent sagten dasselbe über die Bosnier, ebenfalls 25 Prozent über die Serben, und gar 34 Prozent fanden, die Albaner seien «fehl am Platz».

Unter sich selber halten sich die Diskriminierten oft an eine ähnliche Hackordnung, wie die Interviews mit den Jugendlichen von Emmen zeigen: Piero grenzt sich gegenüber nichtitalienischen Ausländern ab und hat nicht gerne «Mischmasch». Darum hat er sich der Jungwacht angeschlossen, bewusst, weil er davon ausgehen konnte, hier vor allem unter Schweizern und Italienern zu sein. Elira, die sich gegenüber ihren albanischen Landsleuten dezidiert absetzt, erzählt, wie sie in der Unterstufe eine albanische Mitschülerin gehabt habe, diese dann aber «gelassen» und sich stattdessen mit anderen abgegeben habe. «Aus den Interviews lässt sich zeigen, dass manche Jugendliche auf den selbst erfahrenen Ausschluss

(59)
Ümit Yoker:
Den Sprung ins kalte Wasser wagen,
in: NZZ, 8. 11. 2007

durch die Weitergabe der Ablehnung ‹nach unten› reagieren, indem sie ihrerseits Gruppen ausschliessen.» Sich benachteiligt fühlende Serben schauen dann herab auf Albaner.

Problemfälle: Ex-Jugoslawen, Schweizer, Türken

Unter den Schülerinnen und Schülern aus Serbien, zu denen gemäss hiesigen Statistiken auch die Albaner zählen, schaffen es im Kanton Zürich gerade 1,6 Prozent ins Gymnasium. Fast ebenso tief ist diese Quote bei den Türken mit 2,2 Prozent. Die Portugiesen liegen bei 3,8 Prozent, die Kroaten bei 5,1 Prozent. Etwas besser schneiden die Spanier ab mit 8,5 Prozent, die Slowenen mit 9,7 Prozent, die Griechen mit 10,7 Prozent. Zum Vergleich: Die Jugendlichen mit einem Schweizer Pass erreichen im Kanton Zürich eine Quote von 29 Prozent. Noch höher ist die Mittelschülerquote unter den Nordamerikanern mit 34 Prozent. Am besten stehen die Deutschen da: Von ihnen schaffen es 56 Prozent an ein Schweizer Gymnasium.[60]

(60)
TAGES-ANZEIGER, 3. 11. 2006

Derart drastische Unterschiede beweisen noch nicht, dass die Kinder aus der Türkei diskriminiert, die Kinder der Deutschen privilegiert würden. Weil ein entscheidender Faktor für den Schulerfolg bei der sozialen Herkunft liegt, muss man den Bildungsstand der Eltern in die Analyse mit einbeziehen.

Das versucht haben zwei Ökonomen der Uni Basel, Regina Riphan und Philipp Bauer. Sie analysierten die Daten der Volkszählung 2000 und teilten sämtliche 17-Jährigen in drei Bildungsstufen ein («hoch», «mittel», «tief»). Das Gleiche taten sie mit deren Eltern; auch sie teilten sie in drei Bildungsstufen ein («hoch», «mittel», «tief»).

Das erste Resultat ist bekannt: Haben die Eltern ein «tiefes» Bildungsniveau, bleiben auch ihre Kinder meist auf einem «tiefen» Bildungsniveau stecken; nur die wenigsten schaffen es nach oben. Soziologen sprechen von «bildungsfernen Schichten». Neu haben die beiden Ökonomen nun aber herausgefunden: Es kommt nicht nur auf die «Bildungsferne» an, sondern auch auf den Pass. Die Benachteilung spielt bei einigen Volksgruppen viel stärker, bei andern viel schwächer.

Am schwersten haben es tatsächlich die Türken. Wenn deren Eltern eine «tiefe» Bildung mitbringen, was oft der Fall ist, erreichen ihre Kinder nur mit 7 Prozent Wahrscheinlichkeit ein «hohes» Niveau. Fast so schwer haben es bei dieser Ausgangslage aber auch die Kinder der Schweizer: wenn ihre Eltern nur «tief» gebildet sind, haben sie lediglich eine Chance von 9 Prozent, selber ein «hohes» Niveau zu erreichen. Damit liegen die Schweizer genau gleich tief wie die zweite Generation der Ex-Jugoslawen, die ebenfalls nur 9 Prozent Chance haben, auf ein «hohes» Niveau aufzusteigen. So gesehen darf man im Bildungssystem insgesamt kaum von «Diskriminierung» sprechen: Die Schweizer Unterschicht ist genau gleich benachteiligt wie die Kinder der Türken und der Ex-Jugoslawen.

Besser ergeht es hingegen den Einwandererkindern aus allen übrigen Ländern: Italiener, Deutsche, Franzosen haben 15 Prozent, Spanier sogar 22 Prozent Chancen, es selber auf ein «hohes» Niveau zu schaffen – und dies, obschon auch deren Eltern jeweils lediglich ein «tiefes» Niveau mitgebracht haben.[61]

Damit beweisen die Kinder der Immigranten aus den lateinischen Ländern und aus Deutschland, dass der soziale Aufstieg via Schweizer Schulwesen möglich ist. Eigentlich bleiben nur drei Problemgruppen, allerdings drei grosse: die «bildungsfernen» Türken, die «bildungsfernen» Ex-Jugoslawen – und nicht zu vergessen: mittendrin stehen die «bildungsfernen» Schweizerinnen und Schweizer.

«Entgegen der weit verbreiteten Ansicht sind Ausländerinnen und Ausländer im Schweizer Bildungssystem nicht generell benachteiligt», fassen die beiden kritischen Zürcher Soziologen Hanspeter Stamm und Markus Lamprecht die Diskussion zusammen. «Vielmehr lässt sich ein differenzierter Effekt nach Herkunftsregion nachweisen.»[62]

(61)
Regina Riphahn, Philipp Bauer: Heterogeneity in the intergenerational transmission of educational attainment, in: JOURNAL OF POPULATION ECONOMICS, 2006

(62)
Hanspeter Stamm, Markus Lamprecht: Entwicklung der Sozialstruktur, Bundesamt für Statistik, Neuenburg, Juli 2005

Drei linke Lehrer erzählen in der WELTWOCHE über ihre Realschule in Biel, wo bis zu 80 Prozent der Kinder Ausländer sind: «Vor einem Jahr organisierten wir einen aufwendigen (220 Stunden Vorbereitung) Informationsmorgen für fremdsprachige Eltern in fünf verschiedenen Sprachen mit Powerpoint-Präsentationen und Theaterszenen. Über 90 Eltern hatten sich angemeldet, tatsächlich kamen keine 30. Wobei man differenzieren muss: Die Portugiesen, Serben, Kroaten, Französischsprechenden erschienen fast vollzählig, dagegen fehlten viele Albaner, Türken und Brasilianer – also genau jene Bevölkerungsgruppen, die uns im Schulalltag zurzeit am meisten Probleme bereiten.»[63] In einem Leserbrief eine Woche später ergänzte ein weiterer Lehrer aus demselben Schulhaus: Probleme gebe es auch «sehr heftig mit den Hiesigen, oft Neonazis». Referenz ist wie gesagt eine Realschule, also die unterste Stufe, auf der die kulturellen Unterschiede offenbar ins Gewicht fallen; aber gerade die Einheimischen haben keinen Anlass, sich unbedingt als «die Besseren» zu betrachten.

Dabei ist die Schweiz keineswegs ein Einzelfall. In den US-amerikanischen Schulen schneiden die asiatischen Einwanderer klar am besten ab, weit vor den weissen Amerikanern, die dicht bedrängt werden von ehrgeizigen Latinos, während die Schwarzen weit hinten bleiben. «Fast alle Staaten, die mehrere ethnisch verschiedene Gruppen von Einwanderern aufgenommen haben, kennen das Phänomen des unterschiedlichen wirtschaftlichen Erfolgs dieser Gruppen», schreibt der deutsche Publizist Siegfried Kohlhammer. «Die ungelernten chinesischen Arbeiter auf den Kautschukplantagen des kolonialen Malaysia waren doppelt so produktiv wie die einheimischen Arbeiter.» In England sei das Einkommen der Pakistani und Bangladeshi nur halb so hoch, dasjenige der dortigen Inder aber höher als das der weissen Engländer. Woran das wohl liege? An der Religion, heisst es schnell. Jeder Vergleich zeige, «dass die Muslime generell geringere schulische Leistungen aufweisen als andere Gruppen, vor allem die Chinesen und Inder».[64]

(63)
WELTWOCHE, 21. 9. 2006

(64)
Siegfried Kohlhammer:
Kulturelle Grundlagen
wirtschaftlichen Erfolgs,
in: MERKUR, Nr. 691,
November 2006

Nur: Serben sind keine Muslime, Kurden auch nicht, ganz zu schweigen von Brasilianern und Dominikanern, die zumindest am Schweizer Stammtisch zu den «Problemgruppen» mitgezählt werden. Auch in allen Schweizer Statistiken werden Serben (christlich-orthodox) und Albaner (muslimisch) meist in den gleichen Topf geworfen: «Ex-Jugoslawen». Wenn die These stimmen würde, wonach die Religion «schuld» am Zurückbleiben sein soll, müssten Serben und Kurden bei uns eigentlich besser reüssieren.

«Ich würde behaupten, dass es an der Kultur liegt»: Das schreibt der amerikanische Historiker David S. Landes in seinem Monumentalwerk.[65] «Wenn wir aus der Geschichte der wirtschaftlichen Entwicklung etwas lernen, dann dies: Kultur macht den entscheidenden Unterschied. Man denke nur an den Unternehmungsgeist expatriierter Minderheiten – der Chinesen in Ost- und Südostasien, der Inder in Ostafrika, der Libanesen in Westafrika, der Juden und Calvinisten überall in Europa.» Landes definiert «Kultur» im Sinn innerer Wertvorstellungen und Verhaltensweisen, und er gibt zu, dass selbst sein Begriff von «Kultur» nicht zuverlässig funktioniere: «Monokausale Erklärungen greifen nicht.» Werde ein Land «schlecht» regiert, wie China lange Zeit, müssten die Wertvorstellungen eben anderswo zum Tragen kommen. «Daher der besondere Erfolg der Emigranten», schreibt David S. Landes und erinnert an die alten Griechen, die für dieses Phänomen ein Wort gehabt hätten: *Metöken*, zugewanderte Stadtbewohner. «Sie waren die Hefe der Gesellschaften. Während sich die Einheimischen über Gewerbe und Geld lustig machten, lieferten und verkauften die Fremden Waren und machten das Geld.»

(65)
David S. Landes:
Wohlstand und Armut der
Nationen.
Berliner Taschenbuchverlag,
2002

Die «Secondo-Mentalität»

Von den alten Griechen zur modernen Schweiz: «Den Antrieb zum gesellschaftlichen Aufstieg verspüren vor allem die Immigranten der zweiten Generation.» Das behauptet der Hausmann und Autor Bänz Friedli, Vater zweier Kinder, der als Kolumnist im MIGROS-MAGAZIN den Familienalltag in seinem Quartier am Stadtrand von Zürich beobachtet. «Karriere im klassischen Sinn – Geld, Ansehen, Auto, Einfamilienhaus – ist ein Wert der Einwanderer und Secondos, nicht mehr so sehr der Schweizer meiner Generation.»

Bei seinen Nachbarn, einer bosnischen Familie, erzählt Friedli, «krampfen sich der Vater und die Mutter krumm für den Traum vom Eigenheim, und sie werden ihn verwirklichen. Er schiebt ab 4 Uhr Frühschicht in einer Metzgerei, sie putzt von 15 bis 21.30 Uhr im Depot der städtischen Verkehrsbetriebe Trams und Busse und bringt danach die Kinder zu Bett. Die Betreuungslücke am Nachmittag schliesst eine Grossmutter.» Ein weiteres Beispiel: «Eine Portugiesin der zweiten Generation betreibt mehrere Kosmetiksalons, hilft dazu am Feierabend und am Wochenende im Putzinstitut ihres Mannes aus, arbeitet also rund um die Uhr. War das Eigenheim erst gekauft, war noch nicht Ruhe. Dann ging es darum, das schattige Reihenhäuslein unten am Hang gegen eine grössere, prestigeträchtige Attika-Eigentumswohnung oben auf einer lichten Anhöhe zu tauschen.» Dem Eifer des Aufstiegs werde sogar die Familie untergeordnet. «Die Kinder, und das ist für Immigranten aus lateinischen Ländern doch erstaunlich, streunen meist unbetreut durchs Quartier.»

Friedlis Fazit: «*Krampfen, seckeln, sparen* – diesen eisernen Willen zum Milieusprung gibt es in meinem Schweizer Freundeskreis nicht.» Es habe ein Wertetransfer stattgefunden. «Das *Schaffe, schaffe, Häusle baue* unserer Väter wird nicht mehr von den Schweizern, sondern von den Immigranten der ersten und der zweiten Generation gelebt – sie sind die ‹besseren Schweizer›.»

«Bei den Secondos stelle ich eine andere Mentalität fest, sie sind verbissener», sagte auch unser Nationaltrainer im Handball, der deutsche Arno Ehret, als er von seinem Amt zurücktrat.[66] Und das ist fast in jeder Sportart so. Die Frau, die uns in der Werbung Waschmaschinen und Elektroherde verkauft, hiess bei der Geburt

Martina Hingisova. Das aktuelle Kader des teuersten Fussballvereins der Schweiz umfasst sieben -ic: Damir Dzombic, Ivan Ergic, Zdravko Kuzmanovic, Ivan Rakitic, Boris Smiljanic, Daniel Majstorovic, Mladen Petric.

Bruno Bencivengas Vater, ein Einwanderer aus Italien, führte in Rapperswil ein Gipsergeschäft; er selber machte die kaufmännische Lehre, begann als Kleiderverkäufer, übernahm den ersten Benetton-Laden der Schweiz im Franchise-System, um dann, vor fünfzehn Jahren war's, seine eigene Firma zu gründen: Navyboot. Eine Marke, 39 Läden, 180 Angestellte.

Dass es eine spezifische «Secondo-Mentalität» geben könnte, haben Soziologen an der Hochschule für Soziale Arbeit in Luzern dargelegt. Sie haben die Volkszählung 2000 ausgewertet und dabei die Eingebürgerten als besondere Gruppe herausdestilliert. Dabei stellte sich heraus, dass die «Eingebürgerten», die schon in der zweiten Generation hier leben, offenbar besonders motiviert sind. So abgedroschen es tönt: Integration braucht Zeit, aber dann funktioniert sie.

Das zeigt sich etwa beim Zugang zu den Gymnasien. Konkret schaffen es die verschiedenen Kategorien wie folgt:[67]

— 32 Prozent der eingebürgerten Secondos und Secondas
— 26 Prozent der «gebürtigen» Schweizerinnen und Schweizer
— 19 Prozent der nichteingebürgerten zweiten Ausländergeneration
— 14 Prozent der ersten Ausländergeneration.

(67)
Eva Mey, Miriam Rorato, Peter Voll:
Die soziale Stellung der zweiten Generation.
Bundesamt für Statistik, Neuenburg 2005

Dass die Kinder der Einwanderer in der Schule «hungriger» sein können als die Kinder der Einheimischen, dieser Befund ist aus internationaler Sicht keine Überraschung, im Gegenteil. In den klassischen Einwanderungsländern Kanada oder Hongkong schneiden die eingewanderten Schüler generell besser ab als die Einheimischen, ergab die Pisa-Studie. Auch in Australien oder Neuseeland sind die Leistungen der Einwanderer mit denen der Einheimischen mindestens vergleichbar, und zwar bereits für die erste Generation der Ausländer. Warum gelingt dort die Integration so viel schneller und besser als in der Schweiz? Sind dort die Schulen so viel besser?

Der Unterschied liegt in einer andern Ausländerpolitik. Die klassischen Einwanderungsländer Kanada, Australien und Neuseeland haben schon immer die besser Qualifizierten ausgewählt und nur diese einwandern lassen. Der Rest ergab sich praktisch von selbst, da es «bildungsnahe» Kinder überall auf der Welt weiterbringen als «bildungsferne» Kinder. Zusätzlich stimuliert bei Einwanderern aber ein besonderer *class hunger*: Ihre Eltern sind ursprünglich ausgewandert, weil sie sich verbessern, weil sie sozial aufsteigen wollten. Dieser Ehrgeiz überträgt sich auf ihre Kinder, was die OECD-Forscher «positive Einstellung» oder «grosse Lernbereitschaft» nennen.[68]

(68)
Wo haben Schüler mit Migrationshintergrund die grössten Erfolgschancen?, OECD 2006.
www.oecd.org

In der Schweiz hat dieses Prinzip bis jetzt weniger gut funktioniert. Wir riefen Arbeitskräfte, es kamen Menschen, die zum grössten Teil schlecht oder gar nicht ausgebildet waren. Daran «schuld» war unsere eigene Politik: Mit dem Saisonnierstatut haben wir gezielt die Unqualifizierten angelockt, denen wir besonders wenige Rechte zugestanden: Saisonniers durften weder die Stelle wechseln noch aus einem Kanton hinauszügeln. Damit haben wir den Wünschen von schwächelnden Branchen (Gastgewerbe, Bau, Landwirtschaft) stattgegeben – und uns gesellschaftliche Probleme aufgehalst. Inzwischen wissen wir: Es war nicht klug, ausgerechnet die weniger Klugen ins Land hineinströmen zu lassen. Im Laufe der Zeit kam es zum automatischen Familiennachzug, womit wir die Unterschicht quasi importiert haben: als «die Ausländer.»

«Die Schule badet bis heute die Fehler dieser Politik aus», sagt der St. Galler Bildungsdirektor Stöckling. «Mit unserer Einwanderungspolitik, insbesondere mit dem Saisonnierstatut, haben wir das Bildungsniveau in der Schweiz gesenkt. Früher liess man besser Qualifizierte kaum ins Land, Mistkübelleerer hingegen sofort, weil kein Schweizer diesen Job machen wollte. Darunter leiden wir immer noch.»[69]

(69)
MAGAZIN, 6. 5. 2006

Letztlich geht es hier um die Frage, was stärker wirkt, die soziale Schicht oder die kulturelle Prägung. Auch hier bietet die Studie der beiden Basler Ökonomen Regina Riphan und Philipp Bauer interessante Hinweise – insbesondere für die Türken. Bringen deren Eltern nämlich ein «hohes» Ausbildungsniveau mit, so erreichen ihre Kinder in der Schweiz mit einer Wahrscheinlichkeit von 70 Prozent ebenfalls ein «hohes» Niveau. Damit schneiden die «privilegierten» Türken in der Schweiz genau gleich gut ab wie alle andern – egal, ob es sich um «privilegierte» Einheimische oder «privilegierte» Einwandererkinder aus Spanien, Italien, Deutschland, Frankreich oder Portugal handelt. Demnach überlagert eine hohe soziale Schicht jede Form von kultureller Prägung. Einziger Ausreisser: die Kinder der «Ex-Jugoslawen.» Deren Kinder erlangen nur mit 33 Prozent Wahrscheinlichkeit ein «hohes» Niveau, selbst wenn sie aus «privilegiertem» Haus stammen.

Das Problem mit der sozialen Schicht dürfte sich in den nächsten Jahrzehnten entschärfen: Endlich wendet die Schweiz eine neue Ausländerpolitik an. Seit mit den Ländern der Europäischen Union die Personenfreizügigkeit gilt, dürfen *alle* Ausländer aus der EU einwandern, nicht wie früher fast ausschliesslich die Billigarbeiter. Bei den andern Einwanderern, die von ausserhalb der EU herkommen, wählt die Schweiz bewusst aus: die besser Qualifizierten.

Die Wirkungen dieser neuen Politik sind bereits messbar. Gegenüber den Nicht-EU-Ländern Serbien-Montenegro (inkl. Albanien) und Bosnien-Herzegowina findet inzwischen eine Netto-Abwanderung statt – zurück in die alte Heimat. Das hat vermutlich auch mit Frustrationen zu tun; der Aufstieg in der Schweiz war öfters nicht so leicht, wie sich das viele erhofft hatten. Die neuen Zuzüger dagegen kommen mehrheitlich aus zwei Ländern: aus Portugal und Deutschland. Vor allem letztere sind besser ausgebildet, und zwar bereits in ihrem Ursprungsland.

Die zukünftige Elite, so viel ist abzusehen, kommt auffallend oft von aussen. An den Universitäten etwa steigt mit jeder Stufe aufwärts der Anteil der Ausländer kontinuierlich an. Bei den Studenten der Stufe Bachelor beträgt er 18,2 Prozent, auf der Stufe Master 27,7 Prozent, unter den Doktoranden bereits 44,2 Prozent, und bei den Assistenten und wissenschaftlichen Mitarbeitern stellen die Ausländer mit 50,1 Prozent die Mehrheit. Die heutige Schweiz ist tatsächlich offen für die Besten: von den Ärzten und Assistenzärzten am Zürcher Universitätsspital hat jeder Vierte einen deutschen Pass.

«Erstmals ist die Schweiz das beliebteste Zielland deutscher Auswanderer», meldet der SPIEGEL; früher waren das noch die USA. Das britische Magazin ECONOMIST lobt ebenfalls, dass es der Schweiz – zusammen mit Australien und Kanada – am besten gelinge, die internationalen Talente ins Land zu holen. An Schweizer Universitäten studieren inzwischen bereits mehr Chinesen als Österreicher. Schade ist nur, dass die ausländischen Studierenden ohne EU-Pass nach ihrem Abschluss nicht automatisch eine Arbeitsbewilligung erhalten. Wie sagt doch Andrej Vckovski, ein eingewanderter Mazedonier, der das Zürcher Software-Unternehmen Netcetera aufgebaut hat: «Chinesen, die in der Schweiz studiert haben, sind für hiesige Unternehmen Gold wert.»[70]

«Ich hoffe, die Inder übernehmen Europa», schreibt der deutsche Journalist Henryk M. Broder. «Wenn ich mich in Zürich umschaue und sehe, wie viele Asiaten herumlaufen, und dies mit der Situation vor zwanzig Jahren vergleiche, werde ich hoffnungsvoll. Die Asiaten haben wenigstens einen Begriff von Politik und Verhandlung, vor allem haben sie eine Arbeitskultur. Und sie beschweren sich nicht dauernd darüber, dass sie vom Schicksal schlecht behandelt werden; sie tun etwas dagegen.»[71]

(70)
BEOBACHTER, 19. 8. 2005

(71)
TAGES-ANZEIGER,
28. 10. 2006

Internationale Konzerne zügeln ihre Zentralen hierher, Ausländer übernehmen die Führung der Konzerne. Der Österreicher Peter Brabeck leitet die Nestlé, der Österreicher Franz Humer die Roche, die Britin Inga Beal die Rückversicherung Converium, der Amerikaner James Schiro die Zürich-Versicherung, der Deutsche Oswald Grübel die Credit Suisse, der Deutsche Carsten Schloter die Swisscom, der Franzose Jacques Aigrain die Swiss Re, der Schwede Jan Secher den Chemiekonzern Clariant, der Holländer Ton Büchner den Maschinenkonzern Sulzer. In den Geschäftsleitungen der 26 Unternehmen, die im Schweizer Aktienindex SMI erfasst werden, besitzen 60 Prozent keinen Schweizer Pass.

Diese neuen Tendenzen schlagen sich allmählich auch in den offiziellen Beschäftigungsstatistiken nieder. «In den 1960er Jahren übten die Ausländer in der Schweiz Tätigkeiten aus, die sich stark von jenen der Einheimischen unterschieden, und zwar im Hinblick auf die hierarchischen Positionen wie auch auf die Art der Arbeit selbst», schreibt Etienne Piguet, Professor für Sozialgeografie an der Uni Neuenburg. Heute verteilen sich die Ausländer «deutlich ausgeglichener» über die Sektoren, auch wenn es natürlich weiterhin zu Spezialisierungen komme: «So konzentrieren sich die US-Amerikaner stark im hochqualifizierten Bereich (Hochschulen, Kredit- und Versicherungsbereich), während die Portugiesen im Gast- und Baugewerbe und die Türken im verarbeitenden Gewerbe stark vertreten sind.»[72]

Jede dritte Einzelfirma, die das SCHWEIZERISCHE HANDELSAMTSBLATT neu publiziert, wird von einem Ausländer gegründet. «Ausländer mit mehr Schwung», lobt der Think Tank *Avenir Suisse*. «Wer sich seinen Platz erkämpfen muss, sieht auch dort Chancen, wo die abgesicherten Schweizer nur noch Risiken sehen.»

Ein paar Tellerwäscherkarrieren

Erdogan Gökduman, Sohn einer mittelständischen Familie aus der Osttürkei, kam «ohne Geld, ohne Arbeit, ohne ein Wort Deutsch» vor zwanzig Jahren nach Zürich.

(72) Etienne Piguet: Einwanderungsland Schweiz. Haupt Verlag, Bern 2006

Im Manor-Restaurant verdingte er sich als Küchenbursche, arbeitete sich dann aber zum Küchenchef hoch. Vor zehn Jahren eröffnete er mit seinen zwei Brüdern einen ersten kleinen Take-away an der Langstrasse in Zürich, der längst zur Marke geworden ist: «New Point.» Eine Kette, die inzwischen auch Spezialitätenrestaurants an bester Lage unterhält und über 120 Angestellte beschäftigt.

«King Kebab», wie Gökduman in der Presse gefeiert wird, hält sich an Regeln, die nicht unschweizerisch klingen: «Ich arbeite sechzehn Stunden täglich, praktisch ohne Ferien.» Und: «Ich habe keine Zeit, mir Häuser, Ferienwohnungen oder Autos zu kaufen.» Oder: «Gewisse Wirte binden sich eine Krawatte um und rauchen Zigarre; ich packe lieber an der Front an.» Auf die Frage, ob er einen solchen Erfolg auch als Schweizer hätte haben können, antwortete Erdogan, genannt «Edi» Gükduman: «Ich hätte weniger Probleme gehabt, sprachliche Probleme zum Beispiel. Aber weil es einfacher gewesen wäre, hätte ich nicht so diszipliniert und hart gearbeitet und nicht den nötigen Kampfgeist gehabt.»

Varathan Nithiyapawanantham, Reisbauernsohn aus Sri Lanka, ersuchte als 20-Jähriger in der Schweiz um Asyl. Ein Ungelernter. «Am 1. Juli 1992 begann ich meine Kochlaufbahn in der Küche des Kurhotels ‹Eichberg› in Seengen als Tellerwäscher ohne jegliche Sprachkenntnisse.» Zwölf Jahre später errang er am Wettbewerb des Schweizerischen Kochverbandes in Luzern mit der international höchstmöglichen Zahl von 100 Punkten den ersten Preis. «Ich, der kleine Tamile ohne Diplom, unter all diesen grossen Küchenchefs. Da lief es mir kalt den Rücken herunter.» Damals leitete Varathan im «Eichberg» eine Küchenbrigade mit vier Köchen, drei Lehrlingen und zwei Hilfsköchen, ohne selber jemals in die Lehre gegangen zu sein.

Seit Frühling 2005 hat er sein Lebensziel verwirklicht: er ist nun sein eigener Chef und führt im Luzerner Hinterland den stattlichen Landgasthof «St. Wendelin» in Wauwil.

Eine typische «Tellerwäscherkarriere», aber kein Einzelfall. In der «Traube» in Trimbach, 17 Gault-Millau-Punkte, kochen Manoharan Kularajasingam und Shritharan Muthukumaru als linke und rechte Hand des Chefs. In der Taverne «Zum Schäfli» in Wigoltingen, 18 Gault-Millau-Punkte, zaubert Assistent Simi.

Leap Kheng Ly kam 1980 mit seinen Geschwistern im Flüchtlingszentrum Grüningen an, mit nichts als den Kleidern, die er auf dem Leib trug. Heute führt er zusammen mit seinen Brüdern die China-Restaurant-Kette «Suan Long» mit 18 Lokalen in Zürich, Zug, Winterthur, Kloten, Bern und gegen 300 Angestellten. Wie ist ihm das gelungen? «Wir haben g'chrampft», antwortete Leap Kheng Ly dem TAGES-ANZEIGER.

Zur Erfolgsgeschichte des Leap Kheng Ly ist anzumerken: Er kam mittellos, aber nicht klassenlos an. Sein Vater war ein in Kambodscha ansässiger Chinese, der es mit Plantagen und Fabriken zu einem Vermögen gebracht hatte. Leap Kheng besuchte mit seinen sechs Geschwistern eine französische Privatschule, jeden Tag chauffiert von einem privaten Fahrer. Dann musste seine Familie vor dem Pol-Pot-Regime fliehen. Der Clan teilte sich auf: Leap Kheng flüchtete mit seinem Onkel nach Thailand, mit dem Velo durch die Wälder und das Gebirge. Total erschöpft erreichten sie ein Camp in Thailand. Ein Jahr blieben sie dort, hatten kaum zu essen und zu trinken; seine Eltern sah er erst Jahre später in der Schweiz wieder.

Auf jeder zweiten Hochzeit tanzt ein Ausländer

Noch im Jahre 1970 ging es auf unseren Hochzeiten weniger bunt zu und her. Damals vermählten sich auf drei von vier Festen immer schön eine Schweizerin mit einem Schweizer. Heute ist das nur noch auf jedem zweiten Fest so.

Privat kommen sich Einheimische und Einwanderer näher, als manche rechtsnationalen Politiker denken. Immer öfter ergeben sich «Mischehen», die politisch korrekt «binationale Ehen» genannt werden und die, glaubt man dem Neuenburger Professor Etienne Piguet, ein wichtiges Indiz dafür sind, warum die Integration der Ausländer als «Erfolgsstory» zu betrachten sei. Je länger die Einwanderer in der Schweiz leben, umso höher steigt ihre Chance, dass sie sich mit Einheimischen vermählen.

Dass auch in diesem Punkt nicht alle die gleichen Chancen haben, liegt auf der Hand. Die Hierarchie sieht aus wie immer: Am meisten gefragt sind Männer wie Frauen aus Deutschland, Italien, Frankreich, Spanien. Inzwischen kommen jedoch auch die Immigranten aus dem Balkan verblüffend gut an. Von den Serben und Montenegrinern (inklusive Albanern) vermählt sich fast jeder zweite Mann mit einer Schweizerin, von den Türken wählt sogar mehr als jeder zweite eine Schweizerin.[73] Umgekehrt bei den Tamilen: «Tamilen sind die beliebtesten Ausländer», «Tamilen sind sehr gut integriert», heisst es immer wieder. Doch sobald sie heiraten, bleiben sie am liebsten unter sich.[74]

Statistiken zum Thema Heirat sind heikel; nicht immer ist beiderseitige Liebe im Spiel. Vermählen sich Türken, Albaner, Tamilen, Pakistani untereinander, kommt es leider auch zu arrangierten Zwangsheiraten.[75] Gleichzeitig ist nicht jede binationale Ehe ein Musterbeispiel für eine gelungene Integration. Manche «Schweizer» und manche «Schweizerin» sind in Wirklichkeit frisch Eingebürgerte, die mit ihrer Heirat eine weitere Person frisch einbürgern. Nicht vergessen darf man auch, dass einige Schweizer Männer «ihre» Thailänderinnen oder Ukrainerinnen noch immer aus dem Katalog bestellen.[76] Auch Schweizerinnen importieren ihren Traummann bisweilen direkt in den Ferien, besonders gern aus der Karibik und aus Westafrika.

Spielt der Pass eine Rolle? — *Ja, in manchen Fällen kommt es sogar zu Diskriminierungen. Aber die Trennlinie verläuft nicht zwischen Inländern und Ausländern, sondern je nach Nationalität. Gewissen Einwanderern bietet die Schweiz beste Chancen: in der Schule, in der Arbeitswelt, auf dem*

(73)
Von den 780 Türken, die im Jahr 2004 in der Schweiz geheiratet haben, wählten 428 eine Schweizerin, 253 eine Türkin, 99 eine andere Ausländerin. Quelle: Bundesamt für Statistik, Neuenburg

(74)
Von 92 Tamilinnen, die 2004 in der Schweiz geheiratet haben, entschieden sich 72 für einen Tamilen

(75)
Der Genfer Stiftung Surgir wurden 140 Fälle gemeldet, allein zwischen Januar 2005 und Mai 2006

(76)
Von 729 Thailänderinnen, die 2004 in der Schweiz geheiratet haben, wählten 623 einen Schweizer

Heiratsmarkt. Davon profitieren Spanier, Italiener, Franzosen, neu immer mehr Deutsche, bald auch Portugiesen und manche Inder oder Chinesen. Sie bringen Schwung ins Land und vor allem in die Wirtschaft. Angehörige anderer Nationen sind weniger erfolgreich: Serben, Türken, Albaner. Das liege an ihrer «Religion» oder an ihrer «Kultur», heisst es gern. Überlagert werden solche Effekte jedoch von der sozialen Herkunft: «Bildungsnahe» Türken reüssieren an unsern Schulen überraschend gut, während ausgerechnet «bildungsferne» Schweizer Kinder ebenso grosse Schwierigkeiten haben wie «bildungsferne» Türken und «bildungsferne» Ex-Jugoslawen. Hier stellt sich die Frage nach einer «neuen» Unterschicht, auch «Prekariat» genannt.

Wächst ein Prekariat heran?

Eine Putzfrau wird es nie zur Konzernchefin bringen; ein Banklehrling unter Umständen schon. Trotzdem steht die Karriere eines Oswald Grübel oder eines Marcel Ospel nicht allen Jugendlichen der Schweiz offen. Denn in Wahrheit erhalten nur die «oberen 44 Prozent» der 15-Jährigen die Chance, zum Beispiel bei der UBS als Lehrling anzukommen.

Dies dargelegt hat der Zürcher Bildungsforscher Urs Moser. Er wollte herausfinden, wie die acht Grosskonzerne ABB, Migros, Novartis, SBB, Siemens, SR Technics, Swisscom, UBS ihre Lehrlinge auswählen. Dann hat Moser die Anforderungen, welche diese Konzerne an ihre Kandidaten stellen, mit dem Pisa-Massstab verglichen und herausgefunden: Beim Lesen braucht es ein «Niveau 3», um bei diesen acht Grosskonzernen eine Chance zu erhalten. Im Fach Mathematik sind die geforderten Qualifikationen je nachdem noch höher. Überträgt man den Pisa-Massstab, fordert die UBS «Niveau 4» für eine kaufmännische Lehrstelle. Das ist eine Qualifikationsstufe, die gerade noch 44 Prozent der 15-Jährigen mitbringen. Also kommen nur die besten Sek-Schüler, darunter auch einige Gymi-Abbrecher, bei den globalen Konzernen als Lehrlinge unter. «Ein grosser Teil der Jugendlichen erreicht die Anforderungen nicht einmal annäherungsweise», schreibt Urs Moser.[77]

Gegen unten ist die Pisa-Skala nämlich offen. Das «Niveau unter 1» bedeutet, dass im Fach Lesen die fraglichen Schülerinnen und Schüler «nicht in der Lage sind, die elementarsten Lesekompetenzen nachzuweisen.» Auf dem «Niveau 1» können sie «nur die einfachsten Leseaufgaben lösen.» Diese beiden untersten Kategorien sind in der Schweiz jedoch weit verbreitet. Beim Lesen landen 6 Prozent im «Niveau unter 1», 11 Prozent im «Niveau 1». Zusammengezählt ergibt das 17 Prozent, die nach Abschluss der Schulzeit kaum einen Text verstehen. Das sind eindeutig *zu viele*, denn in den besten Pisa-Ländern ist dieser Anteil viel tiefer.[78]

(77)
Urs Moser:
Jugendliche
zwischen Schule und
Berufsbildung.
Hep-Verlag, Bern 2004

(78)
Finnland: 6 Prozent,
Korea: 7 Prozent,
Kanada: 10 Prozent

79

Fast so beschämend die Lage beim Rechnen. Auch im Fach Mathematik landen 15 Prozent der Schweizer Jugendlichen beim «Niveau 1 und darunter.» Das sind schon wieder *zu viele*, gerade auch im internationalen Vergleich.[79]

(79)
Finnland: 7 Prozent;
Korea und Kanada: 10 Prozent

Weil die fachlichen Mängel im Lesen und Rechnen so verbreitet sind, stehen 20 Prozent der Jugendlichen nach dem 10. Schuljahr noch immer ohne Lehrstelle da.[80] Diese hohe Zahl ist in letzter Zeit sogar angestiegen, trotz der guten Konjunktur. Am schwersten haben es die Schulabgänger der untersten Stufe – der Realschule. Bildungsforscher Moser: «Wer aus einer Realklasse kommt, hat schon einmal Pech gehabt.»

(80)
Zahlen für den Kanton Zürich

Und der Druck nimmt weiter zu. Firmen wie Gewerbetreibende bieten immer weniger Lehrstellen an, die auch für schulisch weniger Qualifizierte geeignet wären. Berufe wie Automechaniker oder Schreiner, die früher noch offen gewesen seien für alle, würden neuerdings nur noch an die besten Sek-Schüler vergeben, heisst es in einem Bericht über den Kanton Zürich.[81]

Rolf Dubs, Doyen der Bildungspolitik, emeritierter Professor der Hochschule St. Gallen, hat im Auftrag des Bunds ein «Gutachten zu Fragen der schweizerischen Berufsbildung» erstellt. Er sieht die Lage nicht gar so dramatisch: man dürfe nicht schon nach dem ersten Zwischenjahr Bilanz ziehen, das sei zu früh: «Viele Jugendliche finden im zweiten Jahr dank ihrer Beharrlichkeit eine Lehrstelle», schreibt Dubs. Das sei dann zwar «nicht mehr der Wunschberuf, sondern ein Lehrberuf zweiter Wahl.»[82] Oder auch nur eine Anlehre, neu «Attest» genannt. Nach offiziellen Statistiken stecken im dritten Jahre nach Schulabschluss noch immer 6 Prozent in einer «Zwischenlösung», zum Beispiel einem «Motivationssemester», während 5 Prozent offiziell als «nicht in Ausbildung» geführt werden.

(81)
Sandra Stutz: Schul- und
Berufswahl 2000–2005,
in: STATISTIK INFO Nr. 02/06.
www.statistik.zh.ch

(82)
Rolf Dubs:
Gutachten zu Fragen der
schweizerischen
Berufsbildung.
Hep-Verlag, Bern 2005

Zusammengefasst präsentiert sich die Lage der 19-Jährigen so: 25 Prozent machen die gymnasiale Matur; in der Westschweiz ist dieser Anteil etwas höher, in der Deutschschweiz etwas tiefer. Die überwiegende Mehrheit, immerhin 65 Prozent der Jugendlichen, finden weiterhin eine Lehrstelle. Am höchsten sind die Anforderungen für angehende Hochbauzeichnerinnen, Kaufleute, Elektroniker, fast so hoch sind sie für Informatiker, medizinische Praxisassistentinnen, Polymechaniker. Etwas offener ist der Lehrzugang als Maler, Koch, Gärtner; am tiefsten sind die intellektuellen Anforderungen für Sanitärmonteure und Coiffeusen. Aber entscheidend ist: 65 Prozent der Jugendlichen in der Schweiz finden eine Lehrstelle. Damit bleiben ganz unten 10 Prozent übrig: «die Ungelernten».

Ob und für welche Lehrstelle die Jugendlichen fit genug sind, können diese inzwischen selber überprüfen. Dank den Pisa-Studien ist ein richtiges Testfieber ausgebrochen, das der Qualität der Ausbildung nur gut tun kann. Anders als früher kann sich heute kein Lehrer, keine Lehrerin mehr im Klassenzimmer verschanzen. Auf der Seite *www.klassencockpit.ch* können dritte bis neunte Klassen ihre Leistungen in den Fachbereichen Deutsch und Mathematik an repräsentativen Stichproben messen, Klasse für Klasse. Dasselbe auf der Seite *www.stellwerk-check.ch,* wo die Schülerinnen und Schüler von achten Schulklassen ihr Können und Wissen in fünf Fächern überprüfen können – auch individuell; damit erhält jeder einzelne Schüler, jede einzelne Schülerin eine praktische und persönliche Hilfe, «weitere Schritte in die Zukunft» abzuschätzen. Auf der Seite *www.multicheck.ch* findet sich ein ähnliches kommerzielles Angebot.

Einen McJob will niemand

Das Telefon schrillt, ein Hund liegt am Boden, ein Bärtiger mit langen Haaren löffelt seine Suppe. Eine Frau, nervös mit den Beinen wippend, wartet am Tisch gegenüber. Wir befinden uns irgendwo in der Schweiz in irgendeinem Sozialzentrum. Das Telefon schrillt weiter. Ein Typ mit einem Rossschwanz schlendert zum Telefon, nimmt den Hörer ab, meldet sich gemächlich – und redet sich urplötzlich ins Feuer: «Ist diese Transaktion jetzt endlich über die Bühne? Ja klar, *Hueresiech.*

Diese Aktie könnt Ihr übergewichten, das ist ein Outperformer. Nein, auf keinen Fall Biotech, sofort abstossen. Und dann die Optionen wie besprochen, für was zahle ich euch eigentlich?»

So geht ein Werbespot, der im Spätsommer 2006 in den Schweizer Kinos lief. Dahinter steckt kein Aufruf an Randständige, mit Aktien zu spekulieren. Hier wirbt das Strassenmagazin SURPRISE mit dem Slogan «Wir ermöglichen allen eine Karriere.» Der Typ mit dem Rossschwanz übrigens ist echt. Er heisst Ivan Perepelin, hauste vor zwei Jahren noch ziemlich verwahrlost in einer Baumhütte. Heute trägt er ein oranges Gewand und hat eine feste Anstellung bei der Müllabfuhr in Basel. Aus seiner Sicht: ein Aufstieg.

Keine Lehre, kein Job, keine Zukunft. Davon betroffen sind immer die Gleichen. «Besonders hoch ist die Erwerbslosigkeit bei Jugendlichen aus den Balkanländern (18,8 Prozent) sowie aus dem nichteuropäischen Staaten (29,2 Prozent)», heisst es im Integrationsbericht des Bundesamts für Migration.

Dasselbe Bild in der Statistik aus dem Kanton Zürich: nach dem 10. Schuljahr stehen 25 Prozent der Ausländer ohne Lehrstelle da; aber auch bei den Jugendlichen mit Schweizer Pass trifft es 9 Prozent. Und selbst wenn es keine eigentlichen Ghettos gibt: auffallend oft wohnen diese Einheimischen, die keine Lehrstelle finden, Tür an Tür mit jenen Ausländergruppen, die ebenfalls keine Lehrstelle bekommen. Sandra Stutz hat das für den Kanton Zürich genau analysiert: «In den Stadtkreisen 4 und 5 in Zürich sowie in den Gemeinden Oberglatt und Schlieren hatten durchschnittlich zwischen 11 und 18 Prozent der *einheimischen* Schülerschaft keinen Ausbildungsplatz gefunden.»

«Bei uns im Kanton St. Gallen», erläutert Bildungsdirektor Hans-Ulrich Stöckling, «sprechen wir von den Tal- und den Bergschulen. Im Tal sind die Kinder aus den Blocksiedlungen, am Berg jene aus den Einfamilienhäusern. In den Talschulen haben wir die schwierigen Kinder und in den Bergschulen die schwierigen Eltern.»[83]

Ein besonders abschreckendes Beispiel für eine Talschule war lange Zeit das Pestalozzi-Schulhaus in Rorschach: «Dort waren 60 Prozent Ausländer, und die Schweizer, die im Quartier wohnten, waren noch schwieriger als die ausländischen Kinder.» Was tun, wenn es ganz offensichtlich zu einer Ansammlung von Benachteiligten gekommen ist? Dann müsse man das Quartier sanieren, Häuser in der Umgebung renovieren, neue Überbauungen ermöglichen, damit auch wieder «vernünftige Leute», so Stöckling, zuziehen. Heute habe das Pestalozzi-Schulhaus immer noch einen hohen Ausländeranteil, «aber es stellt kein Problem mehr dar.»

In der ganzen Schweiz gibt es, anders als in amerikanischen Städten oder französischen Banlieues, zum Glück keine eigentlichen Ghettos. Der Stadtrat von Winterthur war kürzlich in corpore zu Besuch in Berlin und hat, mitten im Kiez, die Erika-Mann-Schule besucht. «Die Hälfte der Schülerinnen und Schüler dort kommt von Eltern, die noch nie in ihrem Leben gearbeitet haben», staunte die Winterthurer EVP-Sozialvorsteherin Maja Ingold. «So eine Ansammlung gibt es bei uns zum Glück nicht.»

Doch die Problemgruppen sind trotzdem klar identifiziert: «bildungsferne» Türken, «bildungsferne» Schweizer, «bildungsferne» Ex-Jugoslawen, ergänzt durch Afrikaner und Lateinamerikaner, die trotz Schweizer Volksschule kaum lesen, kaum rechnen gelernt haben. Diese Form der Nicht-Integration pflegte Ruedi Winkler, der ehemalige Chef des Zürcher Arbeitsamtes, mit den Worten zu kommentieren: «Um hinein zu kommen, ist man am besten schon drinnen.»

Was bleibt den andern draussen? Es lockt eine kriminelle Karriere, oder es droht ein Hilfsjob. Entgegen gängigen Vorurteilen ist die Lage im Schweizer Tieflohnsektor nicht hoffnungslos. Jede Volkswirtschaft, auch die modernste, verlangt nach ungelernten Arbeiterinnen und Arbeitern, die manuelle Tätigkeiten verrichten. Die heute bezahlten Löhne sind nicht unanständig tief, die Gewerkschaften waren mit ihrer «3000-Franken»-

Kampagne erfolgreich; auf alle Fälle liegen die gesetzlich garantierten Mindestlöhne in Frankreich, England oder den USA tiefer.

Trotzdem wird der Tieflohnsektor nie 20 Prozent der nachwachsenden, schlecht gebildeten Generationen aufnehmen können. «McJobs» sind aus Sicht der Arbeitgeber erst dann interessant, wenn die Löhne wirklich tief sind; tiefer als heute. Dazu ist in der Schweiz aber niemand bereit. Solange die Ansätze der Sozialhilfe in Franken so hoch sind wie heute, will niemand als Einpackerin in einem Supermarkt tätig werden, wie es in den USA üblich ist.

Auf dieses Angebot der Sozialhilfe reagieren Jugendliche ohne Scheu. In den Städten Zürich und Basel bezieht jeder Zehnte Sozialhilfe. In St. Gallen sind es 7 Prozent der 18- bis 26-Jährigen. Auch in der IV wurden bereits sehr viele Jugendliche für «arbeitsunfähig» erklärt, oft aus psychischen Gründen. Die Rente wird zur Normalität, zum Lebensstil.

Michele Alvaro, Geschäftsführer des Strassenmagazins SURPRISE, sorgt sich vor allem um die «zweite Generation von Sozialhilfebezügern.» Einst galt die Fürsorge noch als eine kurzfristige Brücke für Leute in Not; das ist sie auch noch, aber nur teilweise: «In Zürich bringen wir immerhin 40 Prozent der Sozialhilfebezüger innerhalb eines Jahres wieder aus der Abhängigkeit heraus», sagt Sozialvorsteherin Monika Stocker. Die andern bleiben länger, es entsteht eine «Abhängigkeit», wie sich Monika Stocker ausdrückt. Im Klartext: Man wird süchtig. «Wenn die Jungen schon von ihrer Mama gelernt haben, dass sie schön zu Hause sitzen bleiben können und das Geld einfach vom Sozialamt aufs Konto überwiesen wird, dann wird es schwierig», warnt Michele Alvaro vom SURPRISE.

Die Welt ist nervös geworden

«Prekär», so lautet das neue Modewort, das im Oktober 2006 zum «Prekariat» substantiviert wurde. Damals legte die deutsche Friedrich-Ebert-Stiftung eine Studie vor, in welcher der Sozialforscher Richard Hilmer vom «abgehängten Prekariat» sprach – von Menschen, die am Fortschritt nicht mehr teilhaben. «Schlimmer noch, sie glauben, dass auch die eigenen Kinder keine Chance mehr haben.» Diese neue Unterschicht soll auch nichts dagegen haben, als solche bezeichnet zu werden. «Seitdem wir als Unterschicht anerkannt sind, habe ich endlich wieder ein Gemeinschaftsgefühl», sagt ein Trinker zum andern an einem Stehtisch in der Kneipe, karikiert von der THÜRINGER ALLGEMEINEN in der ehemaligen DDR. «Sie dämmern vor sich hin, alimentiert vom Sozialstaat, kulturell versorgt von Stefan Raab, Florian Silbereisen und Asbach Uralt», schreibt der westdeutsche Journalist Henryk M. Broder. Erfunden wurde der Begriff «Prekariat» vom deutschen Soziologen Ulrich Beck. Und der meint damit nicht nur die Ungelernten. Sondern er nimmt «Abschied von der Utopie der Vollbeschäftigung»[84], redet stattdessen von unsicheren, pardon: «prekären» Arbeitsverhältnissen, versteht darunter auch «1 000-Franken-Jobs, Ich-AG's, ausgelagerte Arbeitnehmer, die zu Unternehmern ihrer selbst werden.» Eine völlig neue Situation, behauptet Beck: «Die Daten unseres Instituts zeigen, dass es sich da um eine wirkliche Kluft zwischen den Generationen handelt.» Man müsse von einer «Generation prekär» sprechen – «und zwar in allen OECD-Ländern, also nicht nur in Mexiko.» Beck, der vor zwanzig Jahren noch von einem «Fahrstuhleffekt» gesprochen hat, wonach alle, auch die unteren Schichten, nach oben kommen, sagt heute: «Für die politische Realität ist ausschlaggebend, dass es jetzt um ein Weniger geht. Wir sind eine Gesellschaft des Weniger. Wir sind eine Gesellschaft von weniger Sicherheit. Das ist die Erfahrung. Und das wird als Abstieg erfahren. Zu sagen, im Mittelalter war es auch schon schlimm, ist sozialpolitisch irrelevant.» Zum Schluss droht der deutsche Soziologe gar mit einer Brasilianisierung: «Mit der Prekarisierung übernimmt der Westen Elemente der Sozialstruktur in sich entwickelnden

(84)
Titel seines Artikels, der im NZZ-Feuilleton vom 4. 11. 2006 erschien

Ländern. Wenn Sie daran denken, wie selbstverständlich Menschen in Brasilien, aber auch anderswo verschiedene Jobs gleichzeitig machen müssen. Hier müssen wir uns erst daran gewöhnen.»[85]

(85)
NZZ am Sonntag, 16. 8. 2006

«Der moderne Unterschichtler hat den Aufstiegsglauben verloren und das Klassenbewusstsein», beobachtet auch SPIEGEL-Reporter Cordt Schnibben. «Das Proletariat konnte sich darauf verlassen, gebraucht zu werden, das Prekariat lebt in der Gewissheit, überflüssig zu sein.»[86] Die moderne Armut könne alle Gruppen treffen, auch Akademiker, Selbständige, Mittelständler.

(86)
SPIEGEL, 23. 10. 2006

«Heute geht die Verlässlichkeit der Biografien verloren», klagt Wirtschaftsnobelpreisträger Paul A. Samuelson im Alter von 91 Jahren. «Früher war es doch so: Du verdientest mehr mit 50 als mit 40 Jahren, am meisten bekamst du mit 60. Mit Erreichen des 65. Lebensjahres überreichte dir deine Firma eine goldene Uhr, und du gingst samt deiner Pension in den Ruhestand. All dies ist Vergangenheit. Meine sechs Kinder können sich keinen Moment der Entspannung gönnen. Wir haben heute überall verängstigte Arbeitnehmer. Die Globalisierung hat uns einigen zusätzlichen Wohlstand gebracht, aber sie bringt uns ebenso zusätzliche Unsicherheit und Spannungen. Die Welt ist nervöser geworden.»[87]

(87)
Zitiert aus Gabor Steingart:
Weltkrieg um Wohlstand.
Piper Verlag, München 2006

Paul A. Samuelson, Cordt Schnibben, Ulrich Beck: Sie alle analysieren die Auswirkungen der Globalisierung ähnlich. Es gebe «die Überflüssigen», «die Abgehängten»; das könnten Ungelernte sein wie auch besser Gebildete. Es treffe in jeder Schicht gewisse Leute. Nie alle, sondern immer nur gewisse. Wen? Die Frustrierten. Die Unflexiblen. Die alles verloren haben, das Vertrauen in die Zukunft, das Vertrauen in sich selbst. Die sich darum auch nicht mehr auf jede neue Situation, welche die «nervöse Welt» bietet, einstellen können und wollen.

Tatsächlich sind heute selbst Beamte nicht mehr vor der Kündigung gefeit. «Die Angst um den Arbeitsplatz» steht auf Platz 1 im Sorgenbarometer, welche das GFS-Forschungsinstitut für die Credit Suisse erstellt. Im Jahr 2000 fürchteten erst 34 Prozent um ihren Job, im Jahr

2006 waren es bereits 66 Prozent.[88] Die Ursache für diese Ängste hat wohl mit dem Thema dieses Buches zu tun: mit der sozialen Mobilität. Sie nimmt zu – innerhalb der einzelnen Länder und ausserhalb. Die Globalisierung produziert viele Gewinner, sie produziert gleichzeitig einige Verlierer. Die vielen Gewinner, das sind die sozialen Aufsteiger in Indien, China, aber auch die sozialen Aufsteiger bei uns in der Schweiz, in Europa, in den USA. Diese Aufsteiger sorgen für Druck, sie wollen etwas erreichen, ihre Lage verbessern. Damit wird es ungemütlich für diejenigen, die schon oben sind. Sie müssen sich anstrengen, wenn sie ihre Position halten wollen. Das ist eine Herausforderung. Doch dieser Herausforderung müssen wir uns stellen. Nur weil «wir» Europäer sind und uns in der jüngeren Weltgeschichte zu den «Privilegierten» zählen durften, können wir uns doch nicht darauf verlassen, dass wir ewig die Privilegierten bleiben.

Das neue Wort «Prekariat» sorgt für ein so grosses Echo, weil erstmals in der Geschichte auch die Mittelschichten fürchten müssen, sie könnten etwas verlieren. Nur: So wie beim Aufstieg, so spielt auch beim Abstieg der Wille eine fundamentale Rolle. Fehlt dieser Wille, nennt man das in der Schweiz aber meist vornehm «selbstgewählter Lebensstil.»

Bänz Friedli, Hausmann von Zürich mit MIGROS-MAGAZIN-Kolumne, beobachtet: «Die meisten in meinem Freundeskreis wurden in gutbürgliche Verhältnisse hineingeboren. Sie vermögen den Standard ihres Elternhauses kaum zu halten – es scheint ihnen auch nicht erstrebenswert. Sie halten sich mit Teilzeitjobs und aufwendigen Familienarbeitsmodellen in Genossenschaftswohnungen über Wasser, mogeln sich finanziell durch, und wenn Geld übrig bleibt, gibt man es für Kleider, Reisen, Konzertbesuche aus und kauft ab und zu einem befreundeten Künstler ein halb missratenes Bild ab.» Die Werte hätten sich gewandelt: «Man gönnt sich Sabbaticals und Shiatsu-Behandlungen, nimmt sich Zeit für die Kinder und verwirklicht sich in brotlosen, aber kreativen Berufen.»

(88)
GFS: Sorgenbarometer 2006
www.credit-suisse.com

Deswegen wird das Abendland nicht untergehen. Solange genügend «hungrige» Einwanderer in die Lücke springen, geht alles gut. «Das Ende der Arbeit» – diese Prophezeiung hören wir jedenfalls seit Jahrzehnten; doch scheint sie sich einfach nicht zu erfüllen. «Bis jetzt hat es die Schweiz noch immer geschafft, zur Vollbeschäftigung zurückzukehren»: Das sagt kein neoliberaler Globalisierungsschwärmer, das sagt Serge Gaillard, der neue Arbeitsdirektor beim Bund und frühere Gewerkschaftssekretär.[89]

(89)
TAGES-ANZEIGER, 8. 12. 2006

«Beck und Gefolgschaft verstehen nicht, wie die postindustrielle Wirtschaft funktioniert», ergänzt ein anderer ehemaliger Gewerkschaftssekretär, der Journalist Beat Kappeler. «Hinter den wenigen Arbeitern an den automatisierten Produktionsstrassen steht ein Vielfaches an Informatikern, Transporteuren, Werbern, Anlagenbauern, Finanz- und Versicherungsleuten, Putz- und Reparaturequipen. Die von Beck gefürchtete Produktionssteigerung setzt nur Leute in alten Maschinenhallen frei.» Gerade im Sektor der ständig wachsenden Dienstleistungen brauche es immer noch mehr Arbeit. «Wir alle können uns doch mehr Auswärtsessen, Reisen, Reinigung, Beratung, Bildung, Unterhaltung oder Pflege vorstellen.»[90] Sogar den weniger Qualifizierten werden also die Jobs nicht ausgehen.

(90)
NZZ am Sonntag, 12. 11. 2006

«Einmal draussen» ist nicht «immer draussen»

In der Statistik nennt man sie die «Ausgesteuerten»: diejenigen Arbeitslosen, die so lange arbeitslos sind, dass sie aus der Versicherung ausscheiden. Davon betroffen sind jeden Monat mehr als 2000 neue Einzelpersonen. Was tun diese Leute zwei Jahre später? – Mit dieser Frage befasst sich der Basler Sozialforscher Daniel C. Aeppli seit Jahren. Seine neueste Studie können wir so oder so lesen: entweder auf eine extrem negative oder auf eine extrem positive Art.[91]

(91)
Daniel C. Aeppli:
Situation der
Ausgesteuerten in
der Schweiz im Jahr 2005,
in: DIE VOLKSWIRTSCHAFT,
Nr. 10., 2006

Die erste Variante geht so: Jeder Dritte der Ausgesteuerten findet «nie» mehr einen Job. Das Schicksal der Arbeitslosigkeit wird endgültig. Das letzte «eigene»

Geld, das diese Leute verdient haben, war das Arbeitslosen-Stempelgeld. Nach der Aussteuerung lassen sich die meisten jedoch privat aushelfen, so dass die übrige Gesellschaft gar nichts merkt. Sie werden vom Lebenspartner, von der Lebenspartnerin finanziert, andere machen sich ans Ersparte. Nur 44 Prozent der Ausgesteuerten, die keine Arbeit mehr finden, klopfen beim Staat an: der grössere – und wachsende – Teil bei der Sozialhilfe, die andern bei der IV.

Und jetzt zur optimistischen Interpretation: Ein überraschend hoher Anteil findet einen regulären Job. Einer von drei, genau: 36 Prozent aller Ausgesteuerten sind zwei Jahre später fest angestellt. Von diesen antwortet eine klare Mehrheit, genau: 59 Prozent, dass der neue Job den Vorstellungen und Wünschen «voll» entspreche. Jeder vierte von ihnen, genau: 25 Prozent, verdient sogar einen «Lohn, der den Betrag der letzten Arbeitslosenentschädigung deutlich übertraf.» Und was das Wichtigste ist: Mehr als zwei Drittel der Ausgesteuerten, die einen Job gefunden haben, beurteilen ihre allgemeinen Zukunftsaussichten als «gut» oder «sehr gut.» Sie alle haben sich also aus ihrer misslichen Lage befreien können – und blicken neuen Mutes vorwärts.

Welche Interpretation ist richtig? Für einmal liegt die Wahrheit nicht etwa in der Mitte, sondern es kommt zu einem Sowohl-Als-auch. Es gibt gewisse «Abgehängte» tatsächlich. Leute, die abwärts in eine Einbahnstrasse eingebogen sind. Die keine Chance mehr sehen – und vielfach auch keine mehr haben. Unter ihnen sind, wie der Sozialforscher Daniel C. Aeppli zeigt, Leute über 50, Ungelernte und Hilfskräfte besonders stark vertreten. Die landen dann bei der IV oder als Langzeitrentner bei der Sozialhilfe.

Aber es gibt zum Glück auch die andern. Leute, die zu Beginn der Arbeitslosigkeit ihre eigene Situation vielleicht noch etwas überschätzen. Die infolge der vielen Frustrationen merken, dass sie ihre eigenen Ansprüche womöglich nach unten anpassen müssen. Irgendwann aber, selbst wenn sie längere Zeit ausgesteuert sind, finden sich dann doch einen Job. Und merken: Auf jede letzte Chance kommt eine nächste; auch wer mal ganz unten angekommen ist, kann wieder zwei, drei Stufen hochkommen.

Wächst ein Prekariat heran? – *Höchstens in den Büchern der Soziologen. Dass uns die Arbeit generell ausgehen soll, das wird uns zwar seit langem prophezeit, aber danach sieht es nicht aus. Insgesamt steigt die Zahl der Stellen an, besonders stark bei den Dienstleistungen aller Art. Zwar haben gewisse Über-50-Jährige, die arbeitslos werden, tatsächlich Mühe. Gleichzeitig wählen einige der privilegierten Schweizerinnen und Schweizer einen Lebensstil jenseits der Leistungsgesellschaft – freiwillig. Sollte deren Wohlstand sinken, dürfen sich die Betroffenen nicht wundern. Das grösste soziale Problem der Schweiz sind indessen nicht Leute, die herausfallen oder «abgehängt» werden, sondern die vielen Jugendlichen, die gar nicht erst in den Arbeitsmarkt hineinkommen. Dafür verantwortlich ist nicht etwa der «böse» Kapitalismus oder die Globalisierung. Schuld ist die Tatsache, dass zu viele unserer Jugendlichen nicht richtig lesen und nicht richtig rechnen lernen.*

Wie durchlässig ist die Gesellschaft?

Technopark Zürich, 31. Oktober 2006, zweites Armutsforum der Caritas. Die Ethnologin Marta Ostertag stellt eine Studie vor, in der sie zwölf Menschen porträtiert, denen der Aufstieg gelungen ist. Sogleich relativiert sich die Autorin selber: «Zwölf Aufsteigerinnen und Aufsteiger haben wir für unsere Studie gefunden. Es gibt sie also. Sicher. Aber es sind die Ausnahmen – sie bestätigen die Regel.» Die Regel nämlich laute so: «Armut und Reichtum werden vererbt.»

Als Marta Ostertag die zwölf Ausnahme-Personen befragte, fand sie es allerdings «spannend», dass eine nachteilige Herkunft «genauso gut Hindernis wie Ansporn sein kann». Eine Aufsteigerin sagte ihr: «Ich wollte weg vom bäuerlichen, katholischen, einengenden Milieu.» Eine andere Person meinte: «So wie mein Vater wollte ich nie werden, und auch die Mutter meinte, dass ich es schon zu mehr bringen werde.» Zwölf Beispiele erzählt Marta Ostertag, zwölf eigene Geschichten, und als Gemeinsamkeit ist ihr aufgefallen: «eine besondere Persönlichkeit», die «entweder als Neugierde, Ehrlichkeit, Raffinesse oder Intelligenz zum Ausdruck» gekommen sei.

Maria, die als ehemaliges Heimkind zur Buchverlegerin aufgestiegen ist, sagt es in der Studie so: «Ich habe gelernt, dass das Leben nicht immer ein gerader Weg sein muss, dass verschiedene Biografien lebbar sind und dass die Bilder im Kopf sich manchmal vom realen Leben unterscheiden. Nur die Neugierde muss man immer mit sich nehmen.»[92]

Aber wie gesagt: Dass seien «Ausnahmen», meint Marta Ostertag. Die Caritas redet in ihren Schriften von einer «70-20-10-Gesellschaft»: 70 Prozent der Bevölkerung seien «nie arm», 20 Prozent «armutsgefährdet», 10 Prozent «dauernd arm», was bedeute: Bei den Angehörigen der tiefsten sozialen Schicht verfestige sich die Armut, «indem sie von Generation zu Generation weitergegeben wird.»[93]

(92)
Marta Ostertag,
Carlo Knöpfel:
Einmal arm – immer arm?,
in: DISKUSSIONSPAPIER 16,
Caritas Luzern, 2006

(93)
Christin Kehrli,
Carlo Knöpfel: Handbuch
Armut in der Schweiz.
Caritas Verlag, Luzern 2006

6. Dezember 2006: Zuoberst an den Kiosken liegt das Wirtschaftsmagazin BILANZ mit den neuesten «300 Reichsten.» Aufgelistet sind auch viele Ausländer, die ihren Wohnsitz in die Schweiz verlegt haben. Unter denen, die ihr Geld hier verdient haben, liegen zuvorderst: die Pharma-Familien Oeri und Hoffmann, gefolgt von den Pharma-Familien Bertarelli (Serono) und Landolt (Novartis). Dahinter folgen die Schmidheinys, etwas später die Privatbankier-Familien Bär, Vontobel, Bodmer, Sarasin, nicht zu vergessen die Zeitungsverleger-Familien Ringier, Coninx, Hagemann, von Graffenried. Ein auffallend grosser Teil des Reichtums in der Schweiz besteht aus «altem Geld», bestätigt der BILANZ-Journalist Stefan Lüscher, der diese Liste betreut. «Hierzulande schafft es wohl nur jeder Dritte aus eigener Kraft.»[94]

Hier das «Armuts-Forum» der Caritas, dort «die 300 Reichsten» der BILANZ: Einmal bleiben die Armen arm, dann die Reichen reich. Stimmt das?

Die grosse amerikanische Enttäuschung

Im Mai 2005 startete die eher linke NEW YORK TIMES eine elfteilige Serie mit dem Titel «Class Matters»[95] («Auf die Klasse kommt es an»), einen Monat später folgte das eher rechte WALL STREET JOURNAL mit einer siebenteiligen Serie unter dem Titel «Moving Up» («Aufsteigen»). Beide Zeitungen schrieben inhaltlich das Gleiche und zitierten reihenweise Experten, welche ernüchternde Dinge sagten. Zum Beispiel Bhashkar Mazumder, ein Ökonom der Zentralbank in Chicago: «Der Apfel fällt sogar näher zum Stamm, als wir fürchteten.» David I. Levine von der kalifornischen Berkeley University ergänzte: «Wer arm geboren ist, hat in den USA weit schlimmere Nachteile als in Westeuropa, Kanada oder Japan.»

Das Fachwort heisst «soziale Mobilität.» Aufstieg und Abstieg, beides muss stattfinden, sonst ist die Gesellschaft nicht mobil. Aufstieg und Abstieg, beides finde in den USA zu selten statt, kritisierten NEW YORK TIMES und WALL STREET JOURNAL unisono.

(94) Im Ausland ist diese Quote höher. Das amerikanische Magazin FORBES listet 793 Dollar-Milliardäre auf und bezeichnet weit über die Hälfte, 452, als «self-made»

(95) www.nytimes.com/classmatters

Ein Kronzeuge für diese These ist Gary S. Becker, der liberale Ökonom aus Chicago mit seinen Theorien über die Bildungsrendite und Familienökonomie. Becker war früher amerikanisch optimistisch. Die kapitalistische Gesellschaft sei durchlässig. Drei Generationen brauche es, und weggefegt seien alle sozialen Ungleichheiten, auch wenn diese ursprünglich noch so gross gewesen sein mögen. «Die Enkel von Personen mit sehr hohen Einkommen und die Enkel von Personen mit sehr niedrigen Einkommen können ungefähr dieselben Einkommen erwarten», schrieb er vor zwei Jahrzehnten und unterlegte diese Behauptung mit Zahlen.[96]

Heute gibt derselbe Gary S. Becker zu bedenken: seine These habe sich leider nicht für sämtliche Bevölkerungsschichten erfüllt. Insbesondere die Enkel der armen Afroamerikaner seien meistens auch heute noch arm. Die Angleichung komme nicht einfach automatisch innert drei Generationen. «Die männlichen schwarzen Jugendlichen enden auch am häufigsten als Delinquenten im Gefängnis oder gar als Opfer von Morden auf offener Strasse.» Es sei verhängnisvoll, wenn der Drogenhandel als einzige Chance wahrgenommen werde, um sozial aufzusteigen, schreibt Becker in seinem Blog. «Das ist das zurzeit heisseste Thema in der Rassismus-Diskussion.»[97] Der Starökonom verspricht sich keine Lösung mehr von der Bildungspolitik; viel eher setzt er auf die Drogenpolitik: «Meiner Meinung nach wäre die Legalisierung der Drogen das beste Mittel, um den jungen Schwarzen zu helfen und ihnen endlich auch eine andere Perspektive zu bieten.»

Ähnlich pessimistische Töne schlug gegen Ende seines Lebens Milton Friedman an. «Kann man in Amerika heute noch vom Tellerwäscher zum Millionär aufsteigen?», wurde er in einem seiner letzten Interviews vom Schweizer Journalisten Alain Zucker gefragt.[98]

Friedman: «Ja, sicher. Mein Gott, schauen Sie bloss, was während des Internet-Booms passierte. Hunderte von jungen Menschen wurden plötzlich Millionäre. Besorgt bin ich über eine andere Entwicklung: Zwischen

(96)
Gary S. Becker, Nigel Tomes: Human Capital and the Rise and Fall of Families, in: JOURNALS OF LABOR ECONOMICS, Nr. 4, 1986

(97)
www.becker-posner-blog.com, July 17, 2006

(98)
WELTWOCHE, 18. 5. 2005

den Leuten an der Spitze und jenen am unteren Ende der Gesellschaft sind die Einkommensunterschiede grösser geworden. Die wichtigste Ursache dafür ist unser untaugliches Schulsystem. Fast ein Drittel aller Schüler, die mit der High School beginnen, verlassen sie ohne Abschluss. Sie sind sozusagen zu einem Leben in der Unterschicht verdammt. So geraten wir zunehmend in die Situation, dass die Vermögenden die Habenichtse unterstützen und ein paternalistischer Staat regiert. Ich halte dies für eine sehr ungesunde Entwicklung unserer Gesellschaft; es schadet ihrer Seele, ihrem Selbstverständnis.»

Nachfrage: «Das Schulsystem verhindert heute die berühmte Chancengleichheit?»

«Ja, ich glaube, die Schule ist der Ort, wo man am meisten für die Chancengleichheit tun kann. In den vergangenen zwanzig Jahren haben wir die Ausgaben pro Schüler real verdoppelt oder verdreifacht, mit null Resultat. Im Gegenteil, die Ergebnisse der Abschlussprüfungen wurden sogar schlechter; die Zahl der Aussteiger nahm zu. Es fehlt das Interesse, die Schulen wirklich zu verbessern.»

So spricht wie gesagt kein Linker, so sprach Milton Friedman im Alter von 93 Jahren. Sein Fazit: Die soziale Mobilität in den USA sei gering, weil vor allem die Armen arm bleiben.

Statistisch dargelegt hat dies der kanadische Experte Miles Corak.[99] Er hat untersucht, wie stark sich die Einkommensunterschiede von Generation zu Generation fortpflanzen, und anschliessend einen internationalen Vergleich erstellt. Ergebnis: Am schlechtesten stehen die USA und Grossbritannien da. Ausgerechnet die beiden angelsächsischen Länder, die stolz sind auf ihre kapitalistischen, flexiblen Systeme, erweisen sich als sozial immobil. In den USA geben die Väter ihre Einkommensnachteile zu 50 Prozent an ihre Söhne weiter, in Grossbritannien zu 47 Prozent, in Frankreich beträgt diese Quote 41 Prozent, in Deutschland 32 Prozent, in Schweden 27, in Kanada gar nur 19 Prozent, in Finnland 18, in Norwegen 17 Prozent und in Dänemark 15 Prozent.

(99)
Miles Corak:
Generational Income
Mobility in North America
and Europe.
Cambridge University Press,
2005

Noch neuere skandinavische Studien bestätigen: die nordischen Länder Europas sind sozial sehr viel mobiler als die USA. Stammen die Eltern aus der untersten Einkommensklasse, den «untersten 20 Prozent», gelingt es in Skandinavien immerhin jeder sechsten Person, sich selber in die oberste Einkommensklasse, zu den «obersten 20 Prozent», emporzuarbeiten. In den USA oder in Grossbritannien schafft das gleiche Kunststück nur jede zehnte Person.[100] Der Amerikaner Jeremy Rifkin titelte sein letztes Buch «Der europäische Traum.» Heute sei nicht mehr Amerika das Land der unbegrenzten Möglichkeiten, dieses liege in Europa.

Die grosse Schweizer Hoffnung
Die Schweiz kommt in den all den internationalen Vergleichen über die sozialen Mobilität nicht vor. Der kanadische Wissenschafter Miles Corak entschuldigt sich, er habe «leider» keine Daten und auch noch nie eine Studie gesehen. Die gleiche Antwort kommt von den skandinavischen Ökonomen.

Inzwischen gibt es immerhin ein Arbeitspapier. Philipp Bauer, ein Statistiker am Wirtschaftswissenschaftlichen Zentrum der Universität Basel, hat erstmals für die Schweiz das persönliche Einkommen über zwei Generationen hinweg gemessen.[101] Das Resultat präsentiert sich so:

Gehört der Vater zur untersten Kategorie der untersten 25 Prozent, landet der Sohn mit 40 Prozent Wahrscheinlichkeit ebenfalls in dieser untersten Kategorie der untersten 25 Prozent. Das tönt deprimierend; aber es heisst gleichzeitig: Die Aufstiegswahrscheinlichkeit beträgt 60 Prozent. Schaut man genauer hin, schaffen es 16 Prozent sogar bis ganz nach oben in die Kategorie der höchsten 25 Prozent.

Also findet eine Aufwärts-Mobilität statt. Es sind nicht, wie von der Caritas dargestellt, «zwölf Einzelfälle», die den Aufstieg von unten nach oben schaffen; es sind 16 Prozent von allen. Fast jede sechste Person, deren

(100)
M. Jäntti, A. Björklund et al.:
American Exceptionalism in
a New Light, in:
IZA DISCUSSION PAPER
Nr. 1938, Januar 2006.
www.iza.org

(101)
Philipp Bauer:
The intergenerational
transmission of income in
Switzerland,
in: WWZ DISCUSSION PAPER
0601, Basel 2006.
www.wwz.unibas.ch/forum/
publikationen/
discussion.html

Eltern aus der Kategorie der «untersten 25 Prozent» stammen, steigt hinauf bis in die Kategorie der «obersten 25 Prozent.»

In der Abwärts-Richtung zeigt sich das exakte Spiegelbild: Gehört der Vater zur obersten Kategorie, bleibt der Sohn mit 39 Prozent Wahrscheinlichkeit ebenfalls in dieser obersten Kategorie. Das scheint beruhigend, heisst aber schon wieder: Das Abstiegsrisiko beträgt 61 Prozent. Bei 14 Prozent führt der Absturz bis hinunter in die Kategorie der tiefsten Einkommen.

Die Schweizer Gesellschaft ist durchlässig – in beiden Richtungen. Klar, bei dieser Analyse werden die Vermögen ausser acht gelassen. Gerade die absteigenden Söhne und Töchter landen meistens auf einem weichen Polster: das Erbe, das gerade in der Schweiz sehr hoch ausfallen kann, versüsst den sozialen Abstieg.

Einen internationalen Vergleich kann Philipp Bauer nur grob anstellen, da seine Analysen auf einer spezifisch schweizerischen Erhebung basieren. Nach seiner Einschätzung ist die Mobilität in der Schweiz tiefer als in Skandinavien, aber höher als in den USA. – So weit eine erste Momentaufnahme. Jede seriöse Studie über die «soziale Mobilität» ist retrospektiv: Erst wenn die Leute 45 Jahre alt sind, lässt sich schlüssig beurteilen, wie weit sie es gemessen an ihren Eltern gebracht haben. In der Bauer-Studie wird darum die Generation erfasst, die im Durchschnitt den Jahrgang 1960 hat. Diesen Leuten boten sich – gerade in der Schweiz – noch weniger Möglichkeiten als den Spätergeborenen. Die grosse Bildungsexpansion fand in den achtziger und vor allem in den neunziger Jahren statt und geht nun gemäss allen Prognosen unvermindert weiter. «Es ist gut möglich, dass die heute 20- bis 30-Jährigen eine höhere Einkommensmobilität erreichen werden», sagt Philipp Bauer.

Am schönsten ist das Bild wohl bei den Einwanderern aus Italien und Spanien. Drei Generationen dauerte es, wie von US-Ökonom Gary S. Becker prognostiziert, drei Generationen – und weggefegt sind alle sozialen Unterschiede.

Ob bei den Türken und den Ex-Jugoslawen das gleiche Kunststück gelingt, ist fraglich, muss aber offen bleiben. Die meisten Serben, Albaner, Kroaten kamen erst ab 1990 hierher, geflüchtet vor den Kriegswirren in ihrer Heimat. «Noch deutet zwar nichts auf eine Erfolgsgeschichte hin», meint der Neuenburger Soziologieprofessor Christian Suter, doch er ergänzt hoffnungsvoll: «Entscheidend ist, wie es den ersten hier geborenen Kindern der Ex-Jugoslawen ergeht. Das können wir erst schlüssig beantworten, wenn diese 45 Jahre alt sind.»

Die zu langsame Emanzipation der Frau
Wie stark die soziale Mobilität in der Schweiz auch immer zugenommen hat, die eine Hälfte der Bevölkerung wurde davon kaum erfasst: die Frauen. Sie kommen einfach nicht oben an. Zwar kann heute niemand mehr im Ernst behaupten, Mädchen hätten in der Schule geringere Chancen als Knaben – in Wahrheit haben sie sogar bessere. Aber es ist den Frauen bis jetzt nicht gelungen, ihre exzellenten Bildungsabschlüsse in höhere hierarchische Positionen und höhere Löhnen umzumünzen.

«Wie wird man als Frau zum Leader?» Barbara Kux, rechts auf dem Podium, die via McKinsey, Nestlé, ABB in die oberste Etage der Philips einzog, zeigt ihre Zähne, legt eine Kunstpause ein, dann sagt sie apodiktisch: «Leadership ist ein Teil der DNA. Entweder man hat dieses Gen, oder man hat es nicht. Ich merkte schon in der Pfadi, dass ich dafür geschaffen bin, Menschen zu führen. Führungseigenschaften lassen sich nicht erlernen, ganz im Gegensatz zu Managementfähigkeiten, die man in einem MBA-Kurs erwerben kann. Deshalb habe ich auch einen MBA gemacht.»

Inga Beale, links auf dem Podium, zehn Jahre jünger als Kux, heute CEO des Rückversicherungskonzerns Converium in Zürich, eine gebürtige Engländerin, die sich in der Schule vor allem für Rudern und Rugby interessiert hat, holt Luft und sagt lächelnd: «Ich bin völlig anderer Ansicht. Ich war weder in der Schule noch im Sport ein Leader, sondern stets ein Follower und hatte keine Karriereambitionen, bis ich 28 war. Mein Erfolg im Job hat sich dadurch ergeben, dass ich zur richtigen Zeit am richtigen Ort war. Ach, und übrigens: Ich habe weder einen Universitätsabschluss noch einen MBA.» Das war der Höhepunkt an der ersten UBS Women's Leadership Conference 06. Neunhundert Frauen und hundert Männer sorgten spontan für einen Szenen-Applaus, und zwei BILANZ-Journalistinnen schlussfolgerten: «Wenn eines klar geworden ist, dann das: Den Königinnenweg an die Spitze gibt es nicht.»[102]

(102)
Corinne Amacher,
Iris Spogat-Kuhn:
Ausnahmefrauen,
in: BILANZ, 13. 9. 2006

David S. Landes, der grosse amerikanische Historiker, bestätigt, wie wichtig die Rolle der Frauen für den Wohlstand einer Nation sei. Es gehöre zum «Wichtigsten», dass die Frauen «ermutigt werden, ihre Rolle in der Wirtschaft zu finden, anstatt einfach nur Kinder auf die Welt zu stellen». Ganz besonders gelte das für die islamischen Länder: «Die Muslime», sagte Landes in einem Interview, «haben leider noch immer nicht begriffen, dass sie ihre Wirtschaft und Gesellschaft enorm schwächen, wenn sie die Hälfte der Bevölkerung von einer sinnvollen wirtschaftlichen Tätigkeit ausschliessen. So verlieren sie noch mehr Terrain gegenüber dem Westen und Ostasien.»[103] In dieser Beziehung hat auch die Schweiz

(103)
MAGAZIN, 25.2.2006

ein Aufholpotenzial. Eine grosse und teure Ressource – bestausgebildete Frauen – liegt brach. Nur 3 Prozent der obersten Chefposten, nur 4 Prozent der Verwaltungsratssitze sind von Frauen besetzt.

Wie durchlässig ist die Gesellschaft? — *Erste Messungen zeigen, dass die soziale Mobilität in der Schweiz beachtlich ist, höher jedenfalls als in den USA. Und vieles deutet darauf hin, dass die soziale Mobilität weiter steigt – in Richtung der skandinavischen Massstäbe. Damit das gelingt, müssen wir uns in zwei Punkten klar verbessern: Erstens müssen mehr Frauen aufsteigen. Und zweitens dürfen die Türken und Ex-Jugoslawen bei uns nicht so lange unten bleiben wie die Schwarzen in Amerika.*

Wie gross darf die Ungleichheit sein?

Man nehme die Geschäftsberichte der beiden Schweizer Grossbanken UBS und Credit Suisse zur Hand. Dort ist die globale Lohnsumme (ohne Ausbildungskosten, ohne Arbeitgeberbeiträge für Sozialversicherungen) aufgelistet, gleich daneben die Zahl der Vollzeitstellen auf der ganzen Welt. Dividiert man die erste Zahl durch die zweite, erhält man 250 000 Schweizer Franken, sowohl für die UBS wie für die Credit Suisse.

So hoch ist heute ein Durchschnittslohn bei einer Schweizer Bank: eine Viertelmillion im Jahr. Eine hübsche Summe. Die meisten Angestellten der UBS oder der Credit Suisse verdienen zwar etwas weniger. Doch über die Verteilung der Löhne sagen uns die Verantwortlichen nichts, das gehört hier offenbar zum Bankgeheimnis.

Anders im Tenniszirkus. Dort erfahren alle Zuschauer, wie viel die Teilnehmer verdienen. Also interessiert sich auch niemand dafür, wie viel ein Profi, der es zum Beispiel bis nach Wimbledon schafft, im Durchschnitt erhält – es sind 28 000 Pfund. Doch 96 der 128 Teilnehmer bringen viel weniger heim. Nur die 16 Verlierer der Sechzehntelfinals verdienen in etwa durchschnittlich. Die 16 Spieler, die weiter in die Achtelfinals vorstossen, kassieren zusammen gut die Hälfte des gesamten Preisgeldes überhaupt. Der Sieger des Finals schliesslich verdient 420 Mal mehr als der Verlierer der ersten Runde des Qualifikationsturniers. «The winner takes it all, the loser's standing small», sangen Abba.

Ist Wimbledon ein Exremfall? Nicht unbedingt. Die Schweizer Grossbanken nähern sich allmählich den Verhältnissen auf dem Tennisplatz an. Der Faktor zwischen dem höchsten und dem tiefsten Lohn ist ebenfalls auf über 400 angestiegen.

Wenn wir nun das Modell Wimbledon 1:1 auf die Realität der Grossbanken umrechnen, so gelangen wir zur Erkenntnis, dass bei einer Grossbank sehr viele Menschen sehr viel Geld verdienen müssen. Während es in Wimbledon 16 von 128 Tennisspielern gelingt, deutlich mehr als den Durchschnittslohn heimzuholen, so wären es in der UBS und der Credit Suisse 16 625 der weltweit 133 000 Angestellten, die deutlich mehr als den jährlichen Durchschnittslohn von einer Viertelmillion beziehen. Eine ganze Kleinstadt von Spitzenverdienern, allein bei der UBS und der Credit Suisse.

Macht dieses Rechenexperiment Sinn? Ein Personalchef bei einer Grossbank in Zürich reagiert zunächst perplex. Nach einigem Nachdenken und Nachrechnen räumt er ein: Das Wimbledon-Modell treffe die Realität überraschend gut.

So wie Wimbledon ein spezieller Rasen ist, so bespielen auch die Finanzkonzerne ein lukratives Feld: das Investment Banking. Unter diesen Spezialisten gibt es in London und New York zwei Dutzend Personen, die ein noch höheres Salär nach Hause bringen als ihr oberster Chef, Marcel Ospel. Bei John Costas, dem früheren Chef der UBS-Investmentbank in New York, sollen es 2005 mehr als 50 Millionen Dollar gewesen sein.

Nochmals übertroffen werden diese Summen von den erfolgreichsten Hedge-Fund-Managern. ALPHA, ein Magazin des INSTITUTIONAL INVESTOR, präsentierte im Mai 2006 unter dem Titel «Really Big Bucks» die Liste der wirklichen Spitzenverdiener: Auf Platz 1 James Simons, 68 Jahre alt, ein studierter Mathematiker, mit einem Jahresgehalt von 1,5 Milliarden US-Dollar. Gegen oben sind die Löhne grenzenlos.

Es gibt solche Wunderkinder auch rund um den Zürichsee. Das erfolgreichste heisst Rainer Marc Frey. Er ist in Liestal geboren, wollte weder Lokomotivführer noch Pilot werden, sondern wuchs als Sohn eines Kantonalbankdirektors mit der NZZ und der FINANZ UND WIRTSCHAFT auf und kaufte schon als Teenager Aktien. Wie es sich in diesen Kreisen gehört, studiert er in St. Gallen. Bevor er 30 war, eröffnete er unter seinen Initialen RMF eine Finanzboutique in Pfäffikon SZ. «Meine erste Firma, RMF, gründete ich, weil ich bei meinem Arbeitgeber Salomon Brothers schlecht positioniert war.» Noch bevor er 40 war, verkaufte er diese Firma für 1,3

Milliarden Franken (sein eigener Anteil: 500 Millionen Franken) an eine englische Gruppe. Sein Landhaus direkt am Ufer des Zürichsees darf man von der Grösse und vom Stil her als «amerikanisch» bezeichnen. Inzwischen hat er bereits wieder eine Firma gegründet, Horizon 21, mit 60 Mitarbeitern ebenfalls in Pfäffikon SZ. Warum? «Weil der neue Eigentümer von RMF und ich unterschiedliche Auffassungen hatten.»[104] So viel zur Spitze der Spitze, die entweder einen exorbitanten Lohn kassiert oder sich dann selbständig macht.

Gibt man sich mit weniger zufrieden, sagen wir mal mit einem Gehalt von einer Viertelmillion Franken im Jahr, findet man erstaunlich viele Job-Angebote, nicht nur bei UBS und Credit Suisse, auch in vielen andern Schweizer Konzernen. Manchmal muss man nicht einmal jeden Tag mit Krawatte zur Arbeit antreten.

Im Vergleich dazu haben es Sportler schwer. Eine lukrative Karriere als Spitzenathlet ist fast so unwahrscheinlich wie ein Sechser im Zahlenlotto. Selbst im Fussball ist die Konkurrenz beinhart. Real Madrid hat elf freie Plätze und nochmals so viele Ersatzspieler; mehr nicht. Daneben gibt es vielleicht 30 andere Nobelclubs in Europa mit halbwegs vergleichbaren Konditionen. Noch aussichtsloser ist die Ausgangslage für die Tennisaspiranten. In Wimbledon kann immer nur ein Einziger der Sieger sein, der bei den letzten vier Malen auch noch immer gleich hiess: *Rodscher*.

Das Künstlerglück

Ob Popstar oder Operntenor, es gibt immer und überall ein paar Ausnahmekönner, die empörend viel mehr verdienen als alle andern, die mit auf der Bühne stehen. Bei den Kulturschaffenden jedoch kommt nie Kritik auf, obschon es unter ihnen zu den genau gleichen Exzessen kommt, wie wir sie von Wimbledon oder von der UBS kennen. «Einige wenige Künstler verdienen viel, die vielen andern wenig. Der Durchschnitt der Einkommen ist somit nur beschränkt aussagekräftig», schreibt der Zürcher Ökonom Bruno S. Frey.[105]

(104)
Sein Vermögen wird von der BILANZ inzwischen auf 1 bis 1,5 Milliarden Franken geschätzt.
BILANZ, 27. 9. 2006

(105)
Bruno S. Frey:
Das trügerische Bild des armen Poeten,
in: NZZ, 30. 5. 2006

Der erste richtig gut verdienende Schriftsteller war William Shakespeare, nicht zuletzt als Teilhaber von Theatern. Im deutschen Sprachraum hat Friedrich Schiller als Erster allein von seinen Einkünften als Schriftsteller leben können. Später hat sich Gerhart Hauptmann gar einen «verschwenderischen Lebensstil» geleistet – er, der in seinen Büchern das Elend der Menschen im Frühkapitalismus «so eindrucksvoll» beschrieb, wie der Ökonom Frey urteilt. Das Gleiche bei Charles Dickens: Man dürfe sein Leben ja nicht mit demjenigen von Oliver Twist verwechseln. «Dickens besass Pferde und hatte ein schönes Haus mit Bediensteten.»

Johann Sebastian Bach hat zwölf Mal so viel verdient wie ein Lehrer und viermal so viel wie ein Pfarrer. Und Wolfgang Amadeus Mozart? Der hatte nie Geld, aber nicht etwa, weil er keines verdient, sondern weil er fast alles wieder verspielt hat. Ein grosses Vermögen häuften Giuseppe Verdi und Richard Wagner an. Die Maler Raffael, Tizian und Rubens «lebten wie Fürsten», so Frey. Rembrandt ging (fast) bankrott, aber nur, weil er sein Geld verspekuliert hat. Marc Chagall hinterliess nach seinem Tod «mehrere hundert Millionen», Joseph Beuys «rund 40 Millionen Franken». Pablo Picasso hat sicherlich in einem halben Tag so viel Einkommen erzielt wie die meisten andern Maler in einem Jahr. Vincent van Gogh und Paul Gauguin hingegen, sie seien «in der Tat notleidend» gewesen. «Ihr Pech war aber vor allem, dass sie so früh starben, dass sie nicht mehr in den Genuss der danach bezahlten hohen Preise für ihre Gemälde kamen.»

Neuestes Beispiel: Der Schweizer Künstler Urs Fischer hat ein aufgebrauchtes Päckchen Zigaretten, das in den USA vier Dollar und fünfzig Cents kostet, in der Faust zerdrückt, das Häufchen Müll an einen durchsichtigen Faden gehängt und anschliessend diesen Faden an einer rotierende Verstrebung an der Decke festgemacht, so dass der zerknüllte Zigarettenpäckchen-Karton knapp über dem Boden kreist. Dieses Werk, in dreifacher Ausführung angefertigt, ging in der New Yorker Galerie Brown für drei Mal 160 000 Dollar weg.[106]

Frage an den Ökonomen: Warum verabscheut das Publikum hohe Löhne bei Managern, nicht aber hohe Löhne bei Kulturschaffenden? «Weil diese Löhne auf Leistungen beruhen, welche die Künstler selbst erbracht haben», antwortet Bruno S. Frey. «Bei den Managern hingegen handelt es sich eindeutig um Leistungen, die nur innerhalb der Firma und in Zusammenarbeit mit einer grossen Zahl anderer Personen erreicht werden. Die Belohnung nur einer kleinen Zahl und häufig auch nur einer Person erscheint deshalb als stossend.» Oft wirke ein singuläres Starhonorar sogar kontraproduktiv auf das übrige Team. Bruno S. Frey hat jedenfalls in Mannschaftssportarten beobachtet, dass zu grosse Lohnunterschiede innerhalb eines Teams den Erfolg schmälern. «Eine Erhöhung des Einkommens eines Mannschaftskollegen wird als Abwertung der eigenen Leistung gesehen», heisst es in einer Studie über die deutsche Fussball-Bundesliga.[107]

Die Armen werden nicht ärmer

«Die Wirtschaftswelt», schreibt der BLICK, «ist aus den Fugen geraten.» Gier sei ausgebrochen, «die Verhältnisse stimmen nicht mehr». Geld sei da, mehr denn je. «Aber es wird immer ungleicher verteilt. Dabei möchte auch Otto Normalverdiener wieder spürbare Lohnerhöhungen. Möchte Brot statt nur Brosamen.»

So ähnlich schreiben fast alle Journalisten, so ähnlich reden fast alle Politiker. Doch trifft das auch zu? «Die schweizerische Gesellschaft ist in den vergangenen dreissig Jahren weder substanziell ungleicher noch gleicher geworden», lautet das Fazit im «Sozialbericht 2004».[108] In diesem Sammelband steckt wohl die umfassendste Analyse zu dieser Frage, die in neuerer Zeit erschienen ist; alle namhaften Soziologen der Schweiz haben dazu beigetragen. Sie legen dar, dass sich die Ungleichheit in den neunziger Jahren nicht etwa verschlechtert, «sondern eher verbessert» habe. Man dürfe nicht nur auf die Lohnunterschiede schauen, man müsse auch beachten, wie weit der Staat korrigierend eingreift, indem er den

(107)
Sascha L. Schmidt, Bruno S. Frey et al.: Die Auswirkungen von Neid auf individuelle Leistungen, in: WORKING PAPER Nr. 28/2006.
www.crema-research.ch

(108)
Christian Suter et al.: Sozialbericht 2004. Seismo Verlag, Zürich 2004

Armen Sozialhilfe auszahlt oder die Krankenkasse subventioniert – und indem der Staat die Reichen besteuert. Entscheidend sei letztlich das verfügbare Einkommen. Just dieses verfügbare Einkommen sei in letzter Zeit an beiden Polen gestiegen, oben wie unten.

Dasselbe bestätigt eine weitere gründliche Analyse über die «Verteilung des Wohlstands in der Schweiz» des Büros Ecoplan: Die oberen Einkommen haben sich steigern können, die unteren ebenfalls, während bei den mittleren wenig passiert ist, was wohl auf das mangelnde Wirtschaftswachstum in dieser Phase zurückzuführen ist. Insgesamt sei die Verteilung von 1990 bis 1998 «etwas ungleicher» geworden, bis 2001 wieder «etwas gleicher», so dass über alles gerechnet die Relation zwischen oben und unten konstant geblieben sei.[109] Nimmt man die neuesten Einkommens- und Verbrauchserhebungen zur Hand, welche das Bundesamt für Statistik seither erstellt hat, sieht man: Alles bleibt stabil. Im Jahr 2004 hatten die «obersten 20 Prozent» 4,7 Mal mehr zur Verfügung als die «untersten 20 Prozent», im Jahr 2000 war es noch 4,8 Mal mehr.[110]

Trotzdem erschallt der Kanon «Die Reichen werden immer reicher, die Armen immer ärmer» laut und lauter. Warum? Woher kommt dieser Widerspruch? Vielleicht davon, dass die Leute nur auf die Extreme schauen. Auf die Vasella-Saläre, die tatsächlich explodiert sind. Aber das sind eben nur Einzelfälle.

«Oben hebt der Hut ab», schreiben die beiden Soziologen Ueli Mäder und Elisa Streuli.[111] Die Betonung liegt auf dem Wort «oben» – denn die Masse der Leute hat nichts davon, wenn dort oben etwas abhebt. Würden diese wenigen Extremwerte in die Statistiken über die Verteilung einfliessen, verzerrten sie womöglich die ganze Stichprobe und damit das Bild. Genau das wollen die Experten im Bundesamt für Statistik aber verhindern. Konkret: Das «oberste Prozent» wird gar nicht berücksichtigt, es fällt raus. «Die obersten 20 Prozent» beginnen also bei 80, aber sie enden nicht bei 100, sondern bei 99.

(109)
Ecoplan: Verteilung des Wohlstands in der Schweiz. Eidgenössische Steuerverwaltung, 2004. www.ecoplan.ch

(110)
Einkommens- und Verbrauchserhebung 2004, Bundesamt für Statistik, Neuenburg 2006

(111)
Ueli Mäder, Elisa Streuli: Reichtum in der Schweiz. Rotpunktverlag, Zürich 2002

Somit werden die Extremwerte – die Grübel-Saläre – von vielen eidgenössischen Statistiken, zum Beispiel der Einkommens- und Verbrauchserhebung, gar nicht erfasst. Ist Oswald Grübel etwa kein Teil der Gesellschaft? Doch, natürlich schon. Aber die Statistiker wollen uns zeigen, wie sich die ganze Gruppe der «obersten 20 Prozent» entwickelt. Angenommen, Oswald Grübels Lohn würde sich von 15 auf 60 Millionen vervierfachen und die Statistiker würden dies berücksichtigen: dann würde das allgemeine Lohnniveau der «obersten 20 Prozent» stark nach oben steigen – und zwar selbst dann, wenn alle andern, die zur Gruppe der «obersten 20 Prozent» gehören, kein bisschen mehr verdienen.

Der niedersächsische Ministerpräsident Christian Wulff sagte einmal, es sei ganz einfach, die Armut zu reduzieren. In seinem Land, in Niedersachsen, könne er mit einem Schlag dafür sorgen, dass es 100 000 weniger arme Leute gäbe – er müsse einfach dafür sorgen, dass die siebzehn Reichsten das Land verlassen. Gehen diese siebzehn Personen weg, sinkt das allgemeine Durchschnittseinkommen sofort, und weil man Armut gewöhnlich definiert als Abstand zum Durchschnittseinkommen, erscheinen die Armen plötzlich als weniger arm – eine statistische Fata Morgana. In Wahrheit haben sie genau gleich wenig wie zuvor.

Besonders stark spielt dieser Effekt, wenn man die Verteilung des Vermögens analysiert: Hier ist die Ungleichheit noch grösser als beim Einkommen: die obersten 3,7 Prozent versteuern in der Schweiz 54 Prozent des Gesamtvermögens; schaut man lediglich auf die 0,14 Prozent ganz zuoberst, so bleiben 6173 Haushalte übrig, die insgesamt gar 20 Prozent des Gesamtvermögens versteuern.[112] Wie bei der Zwiebel strebt eine Spitze der Spitze himmelwärts. Dazu zählen die berühmten Namen in der Liste der «300 Reichsten». Also diejenigen Familien, die so reich sind, dass sie auch reich bleiben, egal was passiert. In dieser Beziehung ist die Schweiz tatsächlich extrem. In keinem anderen Land sind die Vermögen so ungleich verteilt.[113]

(112)
Gesamtschweizerische Vermögensstatistik der natürlichen Personen 2003, Eidg. Steuerverwaltung, Bern 2006. www.estv.admin.ch

(113)
Eduardo Porter:
Study Finds Wealth Inequality is Widening Worldwide, in:
NEW YORK TIMES, 6. 12. 2006

Japan ist gleicher, Amerika ungleicher

In der Fachwelt wird die Ungleichheit mit dem «Gini-Koeffizienten» erfasst, benannt nach einer Formel des italienischen Mathematikers Corrado Gini. Diese Methode berücksichtigt wirklich alle Teile der Gesellschaft, von den Habenichtsen bis zu den Bertarellis und Oeris.

Der Gini-Koeffizient kann zwischen 0 und 1 liegen; eine Null würde die totale gesellschaftliche Gleichheit bedeuten. Je höher dieser Koeffizient gegen 1 steigt, umso grösser die Ungleichheit. Die Weltbank publiziert einen Gini-Koeffizienten für jedes Land der Erde; sie bezieht sich dabei auf die Einkommen, nicht auf die Vermögen. Ihre neuesten Zahlen im «Human Development Report 2004» bestätigen alle Vorurteile.

Am «gleichsten» präsentiert sich die Einkommensverteilung in Japan und in Skandinavien mit einem Gini-Koeffizienten von 0,25. Deutschland folgt mit 0,28, dann Österreich, Holland, Frankreich. Mittendrin liegt die Schweiz mit 0,33. «Ungleicher» sind die Verhältnisse in der angelsächsischen Welt: Grossbritannien weist einen Gini von 0,36 auf, die USA von 0,41. Drastisch ist die Ungleichheit in China, das offiziell immer noch kommunistisch regiert wird, mit einem Gini-Koeffizienten von 0,45. In Argentinien steigt der Gini auf 0,52; in den ärmsten Ländern der Welt wie Botswana und Lesotho sind auch die sozialen Gegensätze am schärfsten mit einem Gini-Koeffizienten von 0,63, in Namibia liegt er bei 0,71. Zustände wie in Afrika sind sicher nicht wünschenswert. Aus schweizerischer Sicht erscheinen bereits amerikanische Verhältnisse als untragbar. «Die Amerikaner nehmen eher in Kauf, dass Multimillionäre und Menschen am Existenzminimum nebeneinander leben. Bei uns hingegen ist die Gleichheit für das individuelle Wohlbefinden etwas sehr Wesentliches», meint Bundesrat Moritz Leuenberger, der dadurch sogar «die Gefahr von Revolution gebannt» sieht.[114]

Gegen eine möglichst egalitäre Gesellschaft mit einem möglichst tiefen Gini-Koeffizienten wehren sich allerdings die Liberalen: «Leistung muss sich lohnen», sagen sie, «sonst strengen sich die Leute nicht genug an.» Just in Skandinavien oder in Japan fordern denn auch immer mehr Stimmen, etwas «mehr Ungleichheit» täte ihren Gesellschaften nur gut. Kurz vor seinem Abtritt meinte etwa der japanische Ministerpräsident Junichiro Koizumi, «dass mancher den Anreiz zur harten Arbeit verliere, wenn der Preis für den Gewinner, den Zweitplatzierten und den Dritten stets derselbe ist».[115] In Japan tönte das schon fast revolutionär: dort sind, so ein populäres Sprichwort, herausragende Nägel dazu da, um eingeschlagen zu werden.

In der Schweiz blieb der Gini über die letzten Jahre stabil; er sei seit 1990 nur ganz leicht gestiegen, sagt Paul Donovan, der für die UBS eine neue Studie verfasst hat.[116] International gehe der Trend eher in Richtung «Ungleichheit». Einzige grosse Ausnahme: die USA. Dort steigt der Gini nicht schwach, sondern stark, dort wachsen die sozialen Gegensätze sichtbar. Oben sind die Löhne explodiert, unten implodiert – letzteres in der Schweiz völlig unvorstellbar. Frech schrieb der iranische Präsident Mahmud Ahmadinejad in seinem offenen Brief an George W. Bush: «Wie Sie wissen, leben in einigen Teilen Ihres Landes die Bürger in Armut. Viele Tausende sind obdachlos.»[117] Ironie der Statistik: Gemäss dem Gini-Koeffizienten der Weltbank ist die Ungleichheit im Iran (0,43) noch höher als in den USA (0,41).

Ein Knigge für Reiche

Es gibt nur wenige Orte auf der Welt, wo sich die Reichen in ihren Villen so sicher fühlen dürfen wie in der Schweiz. Noch schöner haben sie es, wenn sie die herrschenden Sitten und Regeln einhalten. Dann werden sie nicht nur in Ruhe gelassen, sondern geachtet.

Der Schweizer Knigge für Reiche umfasst gerade drei Punkte:

— **Regel 1:** *Man muss seinen Erfolg erklären können.*
Wer 333 Millionen Swatch-Uhren verkauft hat[118], muss sich vor niemandem rechtfertigen. Nicolas G. Hayek ist

(115)
NZZ, 9. 3. 2006

(116)
Paul Donovan:
Unequal economics?,
UBS Global Economic
& Strategy Research,
10. 10. 2006

(117)
NZZ AM SONNTAG,
14. 5. 2006

(118)
Zwischenbilanz
im Juni 2006

ein Held, und zum Glück nicht der einzige. Viele andere haben es ebenfalls geschafft – mit Kambly-Biskuits, Jacobs-Kaffee, Rivella-Getränken, Sulzer-Gelenken, Phonak-Hörgeräten, Logitech-Mäusen, Forster-Küchen, Schindler-Aufzügen, Kaba-Schlössern, Vögele-Kleidern, Villiger-Stumpen, Sprüngli-Luxemburgerli, Ricola-Kräuterperlen, Navyboot-Schuhen. Sobald die Namen der Familien, die mit all diesen Produkten in Verbindung gebracht werden, in der BILANZ-Liste der «300 Reichsten» auftauchen, ist das eine Ehre, die Klaus J. Jacobs, Otto Ineichen, Daniel Borel, Andy Rihs, Edgar Oehler etc. zusteht.

Im Bereich Medizinaltechnik hat es gleich eine ganze Reihe von Männern in diese BILANZ-Liste geschafft: Hansjörg Wyss (Synthes), Willy Michel (Ypsomed), Rudolf Maag (heute als Investor bei diversen Biotech-Unternehmen), Thomas Straumann, Hugo Mathys, Walter Inäbnit (Haag-Streit).

Und laufend treten neue Figuren an, die laufend neue Firmen starten, vor allem im Bereich Biotech. Jean-Paul Clozel verliess vor zehn Jahren den Pharma-Riesen Roche, um endlich seine eigene Bude zu gründen: Actelion in Allschwil, eine Biotech-Boutique, die heute auch schon 1200 Mitarbeiter beschäftigt und in der Top-100-Liste der Schweizer Start-ups auf Platz 1 geführt wird.[119]

(119) www.venturelab.ch

Jeder Unternehmer, der das Risiko des Scheiterns trägt, darf im Fall des Erfolgs viel, ja sogar unanständig viel verdienen. Das ist ganz ähnlich wie im Sport oder in der Kultur. Ein Firmenchef jedoch, neu CEO genannt, ist lediglich der ranghöchste Angestellte. Als solcher darf er nicht masslos sein. Und wenn er trotzdem masslos ist, darf er sich nachher wenigstens nicht beklagen, wenn er in der Presse und in der Öffentlichkeit auf Unverständnis stösst. Diese Nichtakzeptanz kommt davon, dass die Löhne der Manager hoch bleiben, selbst wenn die Geschäfte mies laufen. Müssen die Manager gar abtreten, werden sie mit fürstlichen Abgangsentschädigungen prämiert, die meist vor Stellenantritt vereinbart werden. Mit dem schönen Wort von der «Meritokratie» hat das alles nichts mehr zu tun. Roger Köppel, der als neuer WELTWOCHE-Verleger immerhin das Risiko des unternehmerischen Scheiterns trägt, kommentiert: «Josef Ackermann hat als Chef der Deutschen Bank ein geringeres ‹downside›-Potenzial als jeder Fensterputzer seines Instituts. Versagt Ackermann, erhält er zum Abgang Millionen. Scheitert der Fensterputzer, landet er als Sozialfall auf der Strasse.»

— **Regel 2:** *Man darf nicht zu schnell zu reich werden.*
In Land der diskreten Banken sind in den vergangenen Jahren ein paar Draufgänger sehr schnell sehr reich geworden. Als sie später, einer nach dem andern, trotzdem in Schwierigkeiten gerieten, kam in der Öffentlichkeit Schadenfreude auf. Vor allem im Fall Martin Ebners, dem Sohn eines Buchdruckereiarbeiters, der schon als Gymnasiast seinen Kameraden mitgeteilt hatte: «Ich will einmal Millionär werden.»[120] Er brachte es von null auf ein Vermögen von «4 bis 5 Milliarden Franken» und damit ganz zuvorderst in die BILANZ-Liste; dann fiel er heraus, gab inzwischen aber sein Comeback ein paar Stufen tiefer (geschätztes Vermögen heute: 400 bis 500 Millionen). Sein früherer Angestellter Martin Bisang, Sohn eines Käsermeisters und späteren Käse-Kleinhändlers in Basel, stiess ebenfalls in die Liste der «300 Reichsten» vor.

Jürg Maurer hat eine gewöhnliche Banklehre gemacht, dann war er gewöhnlicher Angestellter bei der UBS. In Aarau machte er das eidgenössische Bankfachmann-Diplom, anschliessend brachte er es als Anlagechef der Rieter-Pensionskasse mit einem Jahreslohn von maximal 240 000 Franken plus einem Bonus in derselben Grössenordnung zu sensationellem Reichtum. Sein Vermögen soll sich binnen fünf Jahren von 0,5 auf 70 Millionen Franken verhundertvierzigfacht haben, so eine provisorische Einschätzung der Steuerbehörden. Worauf Jürg Maurer, der im Thurgau eine 20-Millionen-Villa mit Tennishalle samt Saunalandschaft bewohnt, vom BLICK zum «frechsten Pensionskassenverwalter der Schweiz» gekürt wurde.

(120)
Jörg Becher:
Das schnelle Geld.
ABC-Verlag, Zürich 1996

Warum sieht es das Publikum nicht gern, wenn Finanz-profis innert Kürze solche Reichtümer anhäufen? Weil uns just diese Finanzprofis, wenn wir deren Kunden sind, etwas anderes erzählen: nämlich dass wir uns vor allem in Geduld üben müssten. Aber dann könnten wir es auch als Normalverdiener zu Reichtum bringen.

Um eines schönen Morgens als Millionär aufzuwachen, bräuchten wir nicht unbedingt viel Startkapital, aber achtzig Jahre. Dann klappt es. Oder besser: Es hätte geklappt, wenn wir das schon vor achtzig Jahren eingesehen und uns entsprechend verhalten hätten. Wir hätten nicht einmal in die Ferne schweifen müssen. Wir hätten einen Korb Schweizer Aktien kaufen können, die den Marktindex abbilden, und es hätte genügt, wenn wir 1925 dafür zwei Tausendernoten investiert hätten. 2005 wären wir 1,1-facher Millionär gewesen, wie die Genfer Privatbank Pictet in einer Langzeitstudie aufgezeigt hat.

«Kapitalbildung», lehrt Konrad Hummler von der St. Galler Privatbank Wegelin, «braucht keine übermässigen Sparanstrengungen, sondern vor allem Zeit.» Dann kommt ein Effekt zum Spielen, den man Zinseszins nennt. Solange Aktien im langfristigen Durchschnitt etwa sieben Prozent Ertrag pro Jahr abwerfen, verdoppelt sich die Summe, die wir in Aktien anlegen, innert zehn Jahren. Ohne dass wir etwas tun, wird aus einer halben Million innert zehn Jahren eine ganze; innert zwanzig Jahren werden daraus zwei, innert dreissig Jahren vier Millionen. So läuft das, und kein Mensch muss deswegen frech werden oder unanständig sein. Aber wir müssen früh beginnen. Im Alter von 25 heisst es: 62 500 Franken in Aktien anlegen. Und sich dann in Geduld üben. Warten. Hoffen, dass sich im Durchschnitt die Rendite von sieben Prozent einstellt. Den Rest besorgt der Zinseszinseffekt. Und mit 65 Jahren sind wir dann als Anleger Millionär geworden.

So gesehen gründet die Skepsis gegenüber dem «schnellen Geld» auf dem gesunden Menschenverstand: Kein Baum wächst in den Himmel.

— **Regel 3:** *Man soll der Gesellschaft wieder etwas zurückgeben.*
«Giving back» nennen es die Amerikaner. «Ich beschloss, nicht länger Vermögen anzuhäufen, sondern mich der ernsteren und deutlich schwierigeren Aufgabe zuzuwenden, das Vermögen weise zu verteilen», schrieb der amerikanische Stahlmagnat Andrew Carnegie in seiner Autobiografie.

Genau das tun Bill und Melinda Gates. Mehr als 30 Milliarden Franken haben sie in ihre eigene Stiftung investiert, die als ihre erste Priorität Kinderkrankheiten in der Dritten Welt bekämpft. Die Gates-Stiftung, längst die grösste der Welt, hat inzwischen weitere Milliarden aus der Schatulle des Investors Warren Buffett erhalten, der seine drei Kinder weitgehend enterbt hat. Man dürfe doch nicht «ein Leben lang eine Art Sozialhilfe kassieren, nur weil man der richtigen Gebärmutter entschlüpft ist», spasst Buffett, ein erklärter Befürworter der Erbschaftssteuer.

Und in der Schweiz? «*Me git – aber me sait nyt*», heisst es auf Baseldeutsch. Legendär ist die Aktion begüterter Frauen für ihr Theater («Schauspielhaus Ladies First»). Nicht nur in Basel sind Reiche grosszügig; aber fast immer unter der Bedingung, dass sie ihre edle Gabe nicht an die grosse Glocke hängen müssen.

Nachdem die Höchstlöhne hierzulande amerikanische Dimensionen angenommen haben, werden auch hiesige Höchstverdiener ihre Praxis neu überdenken. Am schnellsten begriffen hat das ein junger, sympathischer Typ, der heute als Unicef-Botschafter wirkt und unter seinem Namen eine eigene Stiftung zugunsten von benachteiligten Kindern in Südafrika gegründet hat: Roger Federer. – Doch was tut Daniel Vasella Gutes? Falls er etwas tut, redet er nicht darüber. Es schweigen ebenfalls Franz B. Humer von der Roche, Rolf Dörig von der Swiss Life, Oswald Grübel von der Credit Suisse, Peter Brabeck von der Nestlé. Von Marcel Ospel ist nichts mehr bekannt, als dass er eine Stiftung zur Förderung des Basler *Schnitzelbangg* an der Fasnacht unterhält. Diese Praxis wird und muss sich ändern. Als Erster vorgeprescht ist

Peter Wuffli, CEO der UBS: Zusammen mit seiner Frau Susanna hat er die Stiftung «Elea Foundation for Ethics in Globalization» ins Leben gerufen und mit 20 Millionen Franken dotiert.

Wie das «Zurückgeben» funktioniert, demonstrieren Schweizer Unternehmer und ihre Familien seit langem. Es gibt bei uns – bezogen auf die Zahl der Bevölkerung – vermutlich noch mehr Philanthropen als in den USA. Der bedeutendste ist Stephan Schmidheiny mit seiner Stiftung Avina, die vor allem in Lateinamerika tätig ist. Dicht dahinter folgt Klaus J. Jacobs mit seiner Jacobs-Stiftung. Auf dem dritten Platz steht Hansjörg Wyss, ein praktisch unbekannter *Self-made*-Milliardär der Schweizer Neuzeit: 70 Jahre alt ist er, gibt keine Interviews, und im Geschäftsbericht seines Konzerns, des Medizinalunternehmens Synthes, lässt er sich nicht einmal fotografieren. Er hat lange in den USA gelebt, und wenn er der Öffentlichkeit etwas sagt, so spricht er darüber, was er Gutes tut. Typisch amerikanisch eben.

Für den vierten Platz in dieser Liste kommen in Frage (in alphabetischer Reihenfolge): Hans J. Bär, der Zürcher Privatbankier. Ernst Beyeler, der Basler Kunstsammler. René Braginsky, der Zürcher Investor. Heinrich Gebert, der «WC-König» der Ostschweiz, und Walter Haefner, der Amag-Gründer, die beide unter ihrem Namen je eine bedeutende Stiftung gegründet haben. Willy Michel und Maurice Müller, zwei Medizinalunternehmer und zwei Museenspender. Dann die Oeri-Frauen in Basel: Catherine mit der Tibetsammlung im Museum der Kulturen, Beatrice mit dem Jazzklub «Bird's Eye», Sabine mit einer Tagesklinik für Alzheimerpatienten, Maja mit dem Schaulager in Münchenstein und Gigi mit dem Teddybärenmuseum. Die Familie Reinhart sorgt in Winterthur für eine weltrekordverdächtige Dichte an Museen (17 Stück auf 90 000 Einwohner). Marc Rich, der Rohstoffhändler in Zug, Hans Vontobel, der Zürcher Privatbankier, beide vielfältig wohltätig. Branco Weiss, der Zürcher Technologieunternehmer, ist wohl der grösste Privatmäzen der ETH Zürich.

Zurückgeben heisst: Geld spenden, Lehrlinge ausbilden, Steuern zahlen, Trompete spielen. Otto Ineichen, Unternehmer und FDP-Nationalrat, vermittelt mit seiner Aktion «Speranza» den vielen Schulabgängern, die in einem ersten Anlauf keine Lehrstelle finden konnten, bis zu 1800 Praktikumsplätze, Anlehren und Lehrplätze.

Robert Heuberger, Immobilienkönig von Winterthur, 84 Jahre alt und fidel, entrichtet weit über eine Million Franken Steuern im Jahr, bleibt aber seiner Stadt treu und spasst: «Meine Frau und ich haben ein Ferienhaus in Spanien am Meer. Dort erledige ich jeweils meine Steuererklärung. Da sage ich mir: Ich zahle viel Steuern, aber wenigstens kann ich die Erklärung unter Palmen und in Badehosen ausfüllen.»[121] Anders Tito Tettamanti, Sohn eines Bankprokuristen, der zum Financier aufstieg und bis ins hohe Alter bemerkenswerte Deals einfädelt. Obschon er mit eigenem Verein in die Zivilgesellschaft investiert, werde er «im Tessin nie voll akzeptiert sein, solange er seine Steuern in London zahlt». Das sagt Franco Ambrosetti, der ehrenamtliche Präsident der Tessiner Handels-, Industrie- und Gewerbekammer. Ambrosetti wiederum widerlegt als Sohn eines sehr reichen Vaters ein altes Vorurteil: Dass man nicht unbedingt am Rande des Existenzminimums leben muss, um ein echter Jazzmusiker zu sein. Von Franco Ambrosetti soll Miles Davis gesagt haben, er sei «der einzige weisse Trompeter, der wie ein Schwarzer spielen kann».[122]

Wie gross darf die Ungleichheit sein? – *Hierzulande herrscht ein Mass an Ungleichheit, das man salopp als «gesund» bezeichnen darf. Auf alle Fälle liegt die Schweiz nach allen Statistiken schön in der Mitte zwischen den «ungleichen» USA und dem «egalitären» Skandinavien. Entgegen der allgemeinen Wahrnehmung öffnet sich die Schere zwischen Reich und Arm nicht; der Sozialstaat sorgt für den Ausgleich, so dass die Armen nicht ärmer werden, obschon das die Linke immer wieder behauptet. Gleichzeitig ist aus der Schweiz auch keine Neidgesellschaft geworden, obschon auch das immer wieder behauptet wird, diesmal von rechts. In Wirklichkeit*

(121)
TAGES-ANZEIGER, 2.11.2006

(122)
Peter Rüedi
in der WELTWOCHE, 11.9.2003

dürfen Künstler und Sportler unvorstellbar viel Geld verdienen; dasselbe gilt für Unternehmer, die etwas wagen und ihren Erfolg dem Publikum mit Leistungen erklären können. Auf Unverständnis stossen allenfalls die Leute im Finanzbusiness, die bisweilen sehr schnell sehr reich geworden sind. Und sehr unbeliebt machen sich die Top-Manager, die so viel Geld einsacken, ohne selber ein Risiko tragen zu müssen.

Die Chancen-Schweiz

Was muss alles passieren, bis «Chancengleichheit» herge-stellt ist? Am strengsten urteilen in dieser Frage deutsch-sprachige Soziologen. Fragen wir Stefan Hradil, den gros-sen Experten Deutschlands für soziale Ungleichheit, antwortet der so: «Chancengleichheit im Bildungswesen besteht dann, wenn allen unabhängig von leistungsfrem-den Merkmalen (wie zum Beispiel Bildung, Prestige und Geld der Eltern, von Geschlecht, Wohnort, ‹Beziehun-gen›, Religion, Hautfarbe, politischer Einstellung, persön-licher Bekanntschaft oder Familienzugehörigkeit) die gleiche Chance zu Leistungsentfaltung und Leistungs-bestätigung eingeräumt wird.»

Das tönt noch etwas schwammig, aber Hradil wird ganz konkret und fordert, dass «Herkunft, Geschlecht, Wohnort, ethnische Zugehörigkeit keinen messbaren Einfluss mehr» haben dürfen. Also wird der Soziologe erst dann zufrieden sein, «wenn aus den Gruppen der Frauen und Männer, der Arbeiter, Angestellten, Beamten und Selbständigen, der Stadt- und Landbewohner, der In- und Ausländer jeweils so grosse Anteile das Abitur oder einen Hochschulabschluss erlangen, wie es ihrem Bevölkerungsanteil entspricht».[123]

Derart fixe Vorgaben sind irreal. Keine Gesellschaft, wie egalitär sie auch immer organisiert ist, wird es je schaffen, ihre Bevölkerungsteile repräsentativ an die Uni-versität zu delegieren. Zurzeit gelangen im Kanton Zü-rich von den deutschen Schülern 56 Prozent, von den türkischen Schülern 2 Prozent an ein Gymnasium. Natür-lich ist das eine krasse Ungleichheit, natürlich sollten wir alles tun, damit die türkischen Schüler an Schweizer Gymnasien etwas besser vertreten sind. Aber kein Schul-system, keine Lehrerin, kein Lehrer und auch kein Poli-tiker kann zaubern und eine Gleichverteilung à la Hra-dil realisieren. «Die Menschen in Umstände zu verset-zen, wo jeder die gleichen Chancen hat, ist extremer Totalitarismus», warnte einst der österreichische Öko-nom Friedrich August von Hayek.[124]

(123)
Stefan Hradil:
Soziale Ungleichheit in Deutschland,
Verlag für Sozialwissen-schaften, Wiesbaden 2005

(124)
Zitiert nach Gerd Habermann:
Philosophie der Freiheit,
Ott Verlag, Thun 1999

Der Sinn der Chancengleichheit besteht vielmehr darin, dass eine Universität so frei sein muss, diejenigen Studierenden auszulesen, die am besten fürs Studium geeignet sind – völlig unabhängig von ihrer Herkunft. Egal, ob es sich um Bergler aus dem Wallis oder um Städter aus Zürich, ob es sich um Söhne von Bauern oder um Töchter von Beamten handelt, die Besten sollen zugelassen werden. Die Besten: das sind nicht bloss jene mit den besten Noten, sondern die zudem auch motiviert sind, die sich anstrengen, die sich interessieren, die neugierig sind. An der ETH Zürich liegt der Anteil der Frauen weiterhin unter 30 Prozent. Natürlich sollten wir versuchen, junge Mädchen für technische, chemische und physikalische Experimente zu begeistern. Aber so etwas können wir nicht befehlen

Wo, bitte, ist die Bevölkerung echt repräsentativ vertreten? Theoretisch in den Stichproben, auf welche die Meinungsforscher ihre repräsentativen Umfragen abstellen. Aber schon das Resultat einer Volksabstimmung ist nicht mehr voll und ganz repräsentativ. Wer mitmachen will, muss einen minimalen Einsatz leisten, nämlich einen Zettel ausfüllen, diesen in einen Briefkasten oder in eine Urne werfen. Wer mehr erreichen will, muss mehr tun. Wer nach ganz oben aufsteigen will, muss extrem viel tun. Üben, lernen, trainieren, studieren, probieren. Dazu werden nie alle Bevölkerungsgruppen in gleichem Mass bereit sein.

Wohlstand für alle

Pierre Mirabaud hat eine Privatbank geerbt, die einst von seinem Urururgrossvater gegründet wurde. Gleichwohl sagte er als Präsident der Bankiervereinigung am Bankiertag 2006 in Bern: «Gerechtigkeit bedeutet vor allem Chancengleichheit, also die Angleichung der Start- und Partizipationschancen jedes Einzelnen am wirtschaftlichen Erfolg. Ungleichheit ist naturgemäss die Folge von mehr Freiheit. Mit anderen Worten gehört es zu unserem System, dass im Zuge von mehr Freiheit die wirtschaftlichen und sozialen Ungleichheiten zunehmen.»

Der Erbe Mirabaud postuliert also «mehr Chancengleichheit», um sich damit «mehr Freiheit» verbunden mit «mehr Ungleichheit» erkaufen zu können. Diese Forderung geht letztlich auf den ordoliberalen Philosophen Karl Popper zurück: «Die Geschichte hat keinen Sinn», schrieb er. «Und obwohl die Geschichte keinen Sinn hat, können doch wir ihr einen Sinn geben.» Popper plädierte für einen Staat, der so klein wie nur möglich gehalten werden müsse, aber gleichzeitig für «Gerechtigkeit, Freiheit, Gleichheit» sorge. Konkret: «Die Menschen sind einander nicht gleich; aber wir können uns entschliessen, für gleiche Rechte zu kämpfen.»[125]

Die Zeitschrift ECONOMIST schreibt es heute so: «Eine dynamische, schnell wachsende Wirtschaft sieht manchmal etwas hässlich aus, aber sie bietet viel mehr Hoffnung als eine stagnierende Gesellschaft, in der alle auf ihren bisherigen Positionen verharren.»[126] Damit die Leute dieser unpopulären Botschaft aber auch folgen und Vertrauen schöpfen, müssten drei Bedingungen erfüllt sein: Erstens muss die Gesellschaft als Ganzes reicher werden. Zweitens muss ein soziales Sicherheitsnetz aufgespannt sein für diejenigen, die es nicht aus eigener Kraft schaffen. Und drittens muss eine jede Person die Chance zum Aufstieg haben, unabhängig von der Klasse, Rasse, Religion und dem Geschlecht.

— **Bedingung 1:** *Der Lift fährt nach oben.*
Das Stichwort kommt – schon wieder – vom deutschen Soziologen Ulrich Beck. Er, der neulich das Prekariat erfunden hat, er war es, der vor zwanzig Jahren einen andern Begriff in die Diskussion eingeführt hat: den «Fahrstuhleffekt».

Nach dieser Metapher befindet sich die Gesellschaft als Ganzes in einem Lift, und der fährt nach oben. Entscheidend ist, dass der Lift die Gesellschaft als Ganzes mitnimmt. Zwar wird nie jedes einzelne Individuum reicher; aber jede einzelne soziale Schicht wird mit dem Lift nach oben gezogen. Über die Zeit wird die Unterschicht reicher, die Mittelschichten sowieso, nur merken

(125)
Karl R. Popper: Hat die Weltgeschichte einen Sinn?, in: Die Fortschrittsidee und die Marktwirtschaft, NZZ Verlag, 2006

(126)
Inequality and the American Dream, ECONOMIST, 17. 6. 2006

sie es vielleicht nicht, weil sie immer auf die Reichen starren, die immer noch reicher werden. Aber solange der Lift nach oben fährt, gibt es «ein kollektives Mehr an Einkommen, Bildung, Mobilität, Recht, Wissenschaft, Massenkonsum»: so beschrieb es Ulrich Beck vor zwanzig Jahren in seinem berühmten Buch mit dem Titel «Die Risikogesellschaft».

Dieses Bild passt sicher besser zur Schweiz im 21. Jahrhundert als die pessimistische Skizze eines wachsenden Prekariats. Wir leben doch nicht, wie Ulrich Beck heute droht, in einer «Gesellschaft des Weniger», im Gegenteil: Der Fahrstuhl fährt nach oben, es gibt ein kollektives Mehr – so wie von Ulrich Beck einst prognostiziert. Zwar sind die Einkommen in der Schweiz während der neunziger Jahren nur langsam gewachsen oder haben sogar stagniert, aber das hing mit dem schwachen Wirtschaftswachstum zusammen; inzwischen scheint diese Phase überwunden. Bei all den andern von Ulrich Beck genannten Kriterien haben wir gerade in jüngster Zeit gewaltige Fortschritte erlebt: Es gab – und gibt – eine kollektive Zunahme an Bildung, ohne jeden Zweifel. Der Verkehr wächst, wir pendeln immer schneller und weiter mit dem Auto oder der S-Bahn, Ferien machen wir global, Schweizer IV-Rentner leben auf Thailand fürstlich. Unser Gesundheitswesen boomt – und vor allem steht es allen offen, auch den Ärmsten, denen die Krankenkasse subventioniert wird. Die Wohnfläche pro Kopf steigt massiv.[127] Immer mehr Haushalte leisten sich wieder eine Putzfrau. Und zu guter Letzt sorgt der technologische Fortschritt dafür, dass wir für weniger Geld bessere Produkte kriegen; denken wir nur an den iMac und an den iPod.

(127)
1980 waren es 34 Quadratmeter pro Kopf, 1990 bereits 39, im Jahr 2000 dann 44. Quelle: Volkszählung

Der kritische SPIEGEL-Reporter Cordt Schnibben fasst zusammen: «Der Arme von heute ist reicher als der von damals, absolut und relativ, er kann konsumieren wie ein Facharbeiter in den Fünfzigern, er kann via Fernsehen und Computer zumindest kulturell in soziale Schichten vordringen, zu denen ein Arbeiter früher keinen Zugang hatte.»

Für einige gut gebettete Schweizer ist der soziale Abstieg sogar zur wünschbaren Option geworden. Freiwillig verzichten sie auf eine Karriere, arbeiten nur noch Teilzeit, um mehr Freizeit zu geniessen. Immer mehr Konsum macht ja nicht unbedingt immer mehr Freude. Das Zweitauto hat nicht mehr den Reiz des ersten Autos. Dasselbe mit dem Zweitfernseher, der Zweitwohnung, der zweiten Ehe, ganz zu schweigen von den dritten Zähnen.

— **Bedingung 2:** *Die Existenz muss gesichert sein.*

Wir leben in einer Chancenwelt. Wer sich nicht behaupten kann, muss mit dem Vorwurf rechnen, seine Chancen nicht genutzt zu haben. «Selber schuld», heisst es dann. Nur: Ist der Bankangestellte, der mit 55 seinen Job verliert, «selber schuld»? Und was ist mit den Ausgesteuerten? Den Abgehängten? Den Verwahrlosten? «Arm ist, wer will», titelte der Bankier, Ökonom und ehemalige Sozialdemokrat Kurt Schiltknecht seinen Artikel in der WELTWOCHE.

In der Schweiz wird die Schuldfrage nur selten so direkt gestellt. Stattdessen leisten wir uns ein soziales Netz, das sehr viele Leute auffängt – und durch dessen Maschen praktisch niemand durchfällt. In Basel sind heute 4 Prozent arbeitslos, 9 Prozent invalid, 7 Prozent bei der Sozialhilfe. Also beziehen in dieser Stadt 20 Prozent der aktiven Bevölkerung, die zwischen 18 und 65 Jahren alt sind, eine Rente. Diese Renten sind nicht kleinlich, schon gar nicht im internationalen Massstab. Die Existenz ist in der Schweiz gesichert, und just dank dieses grosszügigen Sozialstaats öffnet sich die Schere zwischen Reich und Arm *nicht*.

Gleichzeitig hoffen wir, just mit der Sozialhilfe die Chancengleichheit zu erhöhen. Kinder, heisst es oft, seien «das Armutsrisiko Nummer 1». Das belegt auch die erste gesamtschweizerische Sozialhilfestatistik: «Besonders stark betroffen sind Kinder, die in Haushalten mit einem allein erziehenden Elternteil leben. In diesem Haushaltstyp steigt das Risiko zudem mit der Kinderzahl:

(128)
Bundesamt für Statistik:
Die Schweizerische
Sozialhilfestatistik 2004,
Neuenburg, Mai 2006

Bei Alleinerziehenden mit mehr als drei Kindern ist fast ein Drittel aller Kinder in der Schweiz auf Sozialhilfe angewiesen.»[128] Kinder aber sind nicht schuld, wenn ihre Eltern sich scheiden lassen. Darum sollen sie nicht nochmals bestraft werden, darum braucht es Sozialhilfe. Damit diese Kinder keine zusätzliche materielle Not leiden und in der Schule die Chancen, welche die Schule bietet, besser wahrnehmen können.

So weit, so politisch korrekt. Doch jede Rente, sobald sie regelmässig ausbezahlt wird, schläfert ein, macht süchtig. Das geben sogar Sozialarbeiter zu, indem sie von «Sozialhilfeabhängigen» reden. Sind Kinder da, sehen auch sie, woher das Geld kommt: vom Staat. Ohne dass sie selber etwas tun müssen. Werden aus diesen Kindern später Jugendliche, erkennen sie, dass in einer Lehre der Lohn womöglich tiefer ist als bei der Sozialhilfe. So wird nicht die Armut von der einen Generation auf die nächste weitergereicht, sondern eine Rentnermentalität. Man kann heutzutage von der eigenen Mutter lernen, wie man sich mit der Not arrangiert.

International werden hier andere Saiten aufgezogen. Nicht nur in den USA oder in Grossbritannien, auch im als sozial geltenden Amsterdam erhalten Unter-25-Jährige generell kein Sozialhilfegeld mehr ausbezahlt. Dasselbe forderte Beat Kappeler für die Schweiz: Jugendliche sollen keine Fürsorge mehr erhalten, «ausser in begründeten Einzelfällen».[129]

(129)
NZZ AM SONNTAG, 6. 3. 2005

Eine derartige Amsterdamer Losung würde ein wichtiges Signal aussenden: *Dass man etwas tun muss, um aus der Armut herauszukommen.* Und dieses Signal bedingt den Nachsatz: *Dass man auch etwas dagegen tun kann.* Wir leben heute in einer Schweiz, in der es viele Kinder weiterbringen als ihre Eltern, die Richtung stimmt. Aber: Die Schweiz kann, wie wir gleich sehen werden, politisch mehr tun, damit die Gesellschaft noch durchlässiger wird. Selbstverständlich werden es am Ende trotzdem nie alle Menschen aus eigener Kraft schaffen. Aber am Anfang, in der Jugend, sollten es alle mindestens einmal versucht haben.

—**Bedingung Nr. 3:** *Möglichst gleiche Startchancen für alle!*
Das Wort «möglichst» deutet an, dass es sich hier um
eine Aufgabe handelt, die nie zu Ende sein wird. Auch
wenn die soziale Mobilität in der Schweiz höher ist, als
die meisten Kritiker denken – das ist noch kein Grund,
mit dem bisher Erreichten zufrieden zu sein. Jede liberale, offene Gesellschaft muss sich laufend Mühe geben,
damit sie für alle ihre Mitglieder durchlässig bleibt und
noch durchlässiger wird.

Thomas Friedman, Autor von «Die Welt ist flach»,
appelliert an die Eltern: «Wir brauchen, kurz gesagt,
eine neue Generation von Eltern, die wissen, wie man
konsequent liebt. Irgendwann kommt der Zeitpunkt,
an dem Sie Ihren Kindern die Game Boys und iPods wegnehmen, den Fernseher ausschalten und sie zum Lernen
und Arbeiten motivieren müssen.» Weil nicht alle Eltern diesen Zeitpunkt erwischen, weil auch längst nicht
alle Eltern bereit sind, zum Lernen und Arbeiten zu motivieren, muss – so viel Konsens besteht in Europa – die
Gesellschaft für einen Ausgleich sorgen.

Mittel dazu sind: Kinderkrippen, eine frühere Einschulung, Tagesstrukturen. Die Schule darf nicht, wie
heute in der Deutschschweiz üblich, erst mit 7 Jahren
beginnen und von 8 bis 11 und von 2 bis 4 Uhr dauern; es
braucht ein Gesamtangebot. Ab fünf Jahren, sobald die
Knirpse bereit sind, sollen sie spielerisch lesen, schreiben
und rechnen lernen dürfen. Entscheidend ist nicht nur
der frühe Start, sondern von Anfang an eine Ganztagesbetreuung, die nicht obligatorisch, aber für alle offen
sein muss – etwa in Form von Mittagstischen, verbunden mit Sport, Bibliotheken, Musikunterricht, Aufgabenhilfe. Das ist keine Utopie: Der Kanton Aargau hat
soeben eine Initiative vorgestellt, die in diese Richtung
zielt; und die Regierung ist sogar bereit, dafür zusätzliches Geld zu investieren.

Zwar wird es nie *gleiche Chancen für alle* geben; aber
wir müssen *zusätzliche Chancen für alle* anbieten. Just die
drei grössten Problemgruppen – die Kinder der «bildungsfernen» Türken, die Kinder der «bildungsfernen»

Schweizer, die Kinder der «bildungsfernen» Ex-Jugoslawen – sind dringend auf eine Betreuung ausserhalb
des Elternhauses angewiesen. Denn bei den sozial Schwachen müssen oft beide, Vater und Mutter, arbeiten.

Das Ziel ist klar. Es sollen nicht mehr so viele 15-Jähri-
ge beim Pisa-«Niveau 1 und darunter» stehen bleiben.
Es darf nicht länger sein, dass am Ende der obligatorischen Schulzeit 17 Prozent der Jugendlichen kaum lesen,
15 Prozent der Jugendlichen kaum rechnen können.
Denn solche Defizite lassen sich später kaum mehr kor-
rigieren, auch wenn noch so viele Sozialarbeiter eingrei-
fen und den Jugendlichen mit Beratung, Coaching (neu:
individuellem Case-Management) eine Anlehre zu vermitteln versuchen. Eine Herkulesaufgabe.

Der Journalist Martin Beglinger formuliert es im
MAGAZIN so: «Guter Wille, gegenseitiger Respekt, nach-
barschaftliche Hilfe – alles wunderbar. Doch was am
Ende des Tages zählt in Sachen Integration, das sind drei
Faktoren: Sprache, Schule, Arbeit. Ohne Sprache geht's
schlecht in der Schule, ohne Sprache und Ausbildung
steht's noch schlechter um einen Job. Und ohne Arbeit
nützt so vieles andere wenig.»

Bis ins Alter 15 geht es um möglichst gleiche Startchancen. Was danach folgt, sind die Wege und Umwege
zum sozialen Aufstieg. Berufslehre, Meisterprüfung,
Höhere Fachschulen, Fachhochschulen, Universitäten,
Spitzenforschung. Da muss das Geld nicht mehr vom
Staat allein kommen; hier können sich die Studierenden
an der Finanzierung beteiligen, via Gebühren, ergänzt
mit Stipendien und Darlehen zugunsten der Unter-
schichten. Sobald die Bildungsrenditen hoch genug
sind, lohnt sich das für alle, gerade auch für die sozial
Schwachen. Dass die Auszubildenden ihre Kosten weitgehend selber tragen, ist ein Grundsatz, der nicht nur
in den USA üblich ist, sondern auch in der Schweiz – bis
jetzt aber erst auf der Stufe Meisterprüfung. Will sich
ein Metzger an einer höheren Fachschule zum Meister
ausbilden, kostet dieses Diplom rund 30 000 Franken,
die der angehende Metzgermeister selber bezahlt.

Damit Schweizer Universitäten im internationalen Wettbewerb mithalten können, müssen sie zudem die Freiheit erhalten, ihre Studierenden frei auszuwählen. Heute lautet das Motto vieler Erstsemester: «Probieren geht über studieren», Studieren kostet ja (fast) nichts, und alle Personen, die eine Matur vorweisen können, werden für alle Fächer – ausser für Medizin – zugelassen. So ist das gesetzlich vorgeschrieben. Die Folgen offenbaren sich zwei Semester später: Dann nämlich findet die Selektion an Zwischenprüfungen trotzdem statt.

Generell beträgt die Durchfallquote an den Universitäten 30 Prozent. Derart hohe «Drop-out-Quoten», wie sie im Jargon heissen, sind ärgerlich für alle: Studierende wie Universitäten verlieren Zeit, Geld, Energie. Eine volkswirtschaftliche Verschwendung, die übrigens mitschuldig ist, dass die von den Ökonomen berechneten Bildungsrenditen eines Universitätsstudiums in der Schweiz so tief ausfallen.

Mit Zulassungsprüfungen würden sich solch hohe Durchfallquoten vermeiden lassen. Wie das geht, demonstrieren die Eliteuniversitäten in den USA, aber auch ein paar wenige ausgewählte Fachhochschulen in der Schweiz. In den begehrten Bereichen Kunst, Musik, Theater, soziale Arbeit sowie angewandte Linguistik und angewandte Psychologie ist die Selektion ähnlich erbarmungslos wie in Harvard, Massachusetts.

An der Hochschule Musik und Theater Zürich wird im Bereich Theater nur eine Person aus fünfzehn bis zwanzig Kandidatinnen und Kandidaten zugelassen. «Wir schauen nicht nur auf das fachliche Können», erklärt Ursula Akmann, «sondern auch auf das künstlerische Potenzial und das nötige Herzblut.» Der Vorteil: Wer einmal aufgenommen wird, schafft es, ganz ähnlich wie in den Eliteuniversitäten der USA, mit über 90 Prozent Wahrscheinlichkeit bis zum Abschluss. Der neueste Studiengang ist übrigens der Popmusik gewidmet: Fünf Studenten (ausgewählt aus 30 Bewerbern, die überhaupt zu einem Test antreten durften) werden innert fünf Jahren zum Master of Pop ausgebildet.

Warum darf eine Kunstschule, was die ETH nicht darf, nämlich ihre Studenten auswählen? «Weil jedem einleuchtet, dass die Gesellschaft nicht unendlich viele Künstler ausbilden kann», antwortet Ursula Akmann. Es wäre schön, wenn wir diesen Mut zur Elite auch auf andere Sektoren übertragen würden. «Es gibt heute leider nur zwei Bereiche, in denen es gesellschaftlich akzeptiert ist, sich hervorzutun: Musik und Sport», sagt der schwedische Ökonom Magnus Henrekson. «In diesen Bereichen dürfen Eltern ihre Kinder unter Druck setzen und viel Geld in sie investieren. Eliteschulen für mathematisch oder sprachlich begabte Kinder gibt es keine, dafür Eliteschulen für Sportler und Musiker. Sie sind unsere Helden.»[130]

(130)
Magnus Henrekson:
The Entrepreneur or the
Sports Hero, 2003,
www.iui.se

Eine Gesellschaft, die allen ihren Mitgliedern möglichst gleiche Startchancen bietet, darf nicht nur Sportler und Künstler als ihre Helden verehren. Sondern auch Forscher und Erfinder, Gründer und Entdecker, Fabrikanten und Gelehrte, Chefköche und Chefärzte, Spitzenwinzer und Art-Direktoren, Kleingewerbetreibende und Grossunternehmer.

Nicht zu vergessen: die Volksschullehrer. In Finnland, das bei allen Pisa-Tests am besten abschneidet, finde die entscheidende Selektion «bei der Auswahl der Volksschullehrer» statt. Das sagt Christian Aeberli, der früher beim Think Tank Avenir Suisse war und heute bei der umfassenden Bildungsreform im Kanton Aargau mitwirkt, wo sogar ein offen deklariertes «Elitegymnasium» geschaffen werden soll. Daneben sorgt sich Aeberli aber vor allem um die Qualifikation vieler heutiger Volksschullehrer und schildert die finnische Praxis so: «Jährlich bewerben sich 1300 junge Menschen für einen Ausbildungsplatz zum Lehrerberuf, aus denen schliesslich nur gerade 150 zum Studium zugelassen werden.» Man schaue dabei auch auf Persönlichkeitsmerkmale, auf die Reflexions- oder Handlungsfähigkeit. Finnland ist kein Sonderfall; überall auf der Welt erhält die Auswahl der richtigen Volksschullehrer ein enormes gesellschaftspolitisches Gewicht: Es sind schliesslich die Volksschullehrerinnen und Volksschullehrer, die in der Praxis dafür sorgen müssen, dass die Startchancen für alle möglichst gleich gut sind.

Am Ende des Lebens werden gewisse Leute immer reicher sein als andere. Solange das jeweils mit den eigenen Leistungen korrespondiert, ist dagegen nicht viel einzuwenden. Die letzte Frage lautet einzig: Was passiert nach dem Tod? «Wer reich stirbt, stirbt ehrlos», meinte Andrew Carnegie, damals der reichste Amerikaner, der einst den Journalisten Napoleon Hill beschäftigt hat, die Allgemeinheit mit Tipps zu versorgen, wie wir ebenfalls reich werden können. Gleichzeitig war Carnegie aber überzeugt, dass alle, die tatsächlich reich werden, ihr Geld am Ende vernünftig verteilen sollen. Also hat er die Carnegie Hall in New York ermöglicht oder die Carnegie-Stiftung für Lebensretter, die bis heute aktiv ist, sogar in der Schweiz.

Dass die Kinder den Reichtum ihrer Väter und Mütter alleine erben, das widerspricht dem uramerikanischen Gerechtigkeitssinn. Wie forderte doch Thomas Jefferson, der dritte Präsident der USA: «Jeder Mensch hat sich an der gleichen Startlinie aufzustellen.» Rein theoretisch müsste der Staat also eine Erbschaftssteuer von 100 Prozent einführen. Rein praktisch würde eine derart extreme Steuer sofort und auf kreative Art umgangen. Also könnte eine Schweizer Variante auch nur 25 Prozent betragen. Zudem müsste diese Steuer nicht schon auf dem ersten Franken einsetzen, aber ab einer halben Million. Nur bei den richtig grossen Nachlässen soll der Staat seinen Teil abschöpfen.

Selbstverständlich wird es die Tochter eines Tellerwäschers immer schwerer haben als der Sohn eines Privatbankiers. Selbstverständlich wird der Klassenwechsel nie so leicht zu lösen sein wie heute bei den SBB. Aber wir sollten nichts unversucht lassen, damit dieses Land zur «Chancen-Schweiz» wird.

Zum Autor:
Seine Grosseltern waren Bauern in den beiden Ober-
baselbieter Dörfern Ziefen und Lupsingen. Sein
Vater lernte Schreiner, später sattelte er zum Grund-
buchbeamten um; die Mutter musste nach der
obligatorischen Schule auf dem Hof helfen. 1960 wurde
Markus Schneider in Liestal geboren und wuchs
in einem Genossenschaftsblock auf. Er konnte das
Gymnasium besuchen, um dann an der Universität
Basel Ökonomie zu studieren. Seither arbeitet
er als Journalist. 2003 gewann er in Frankfurt den
Georg von Holtzbrinck-Preis für Wirtschaftspublizistik,
2004 den *Zürcher Journalistenpreis;* 2005 war er
«Wirtschaftsjournalist des Jahres». Er ist verheiratet,
hat zwei Kinder und lebt in Zürich.
www.markusschneider.ch

1. Auflage Februar 2007
Copyright © 2007 Echtzeit Verlag GmbH, Basel
Alle Rechte vorbehalten

ISBN 978-3-905800-01-2

Lektorat: Alain Zucker
Korrektorat: Edgar Haberthür
Gestaltung: Müller+Hess, Basel
Schrift: «Lexicon», © 1992 by The Enschedé Font Foundry
Umschlagfoto: Bettmann/Corbis, Philip Gendreau
Druck: Ebner & Spiegel, Ulm
Papier: Schleipen

www.echtzeit.ch